伟人的青年时代
法拉第

张燕波 编著

中国青年出版社

M Faraday.

迈克尔·法拉第

Michael Faraday

1791 年 9 月 22 日—1867 年 8 月 25 日

英国物理学家、化学家。他出身贫寒，少年失学，自学成才，进入英国皇家研究院。他发现电磁感应现象，发明圆盘发电机，并首先提出电场概念，在电磁学和电化学领域做出了众多伟大贡献，造福全人类，被称为"电学之父"和"交流电之父"。他终生投身科学研究，还致力于青少年科普教育工作，开办《圣诞少年科学讲座》，是一位伟大的平民科学家。

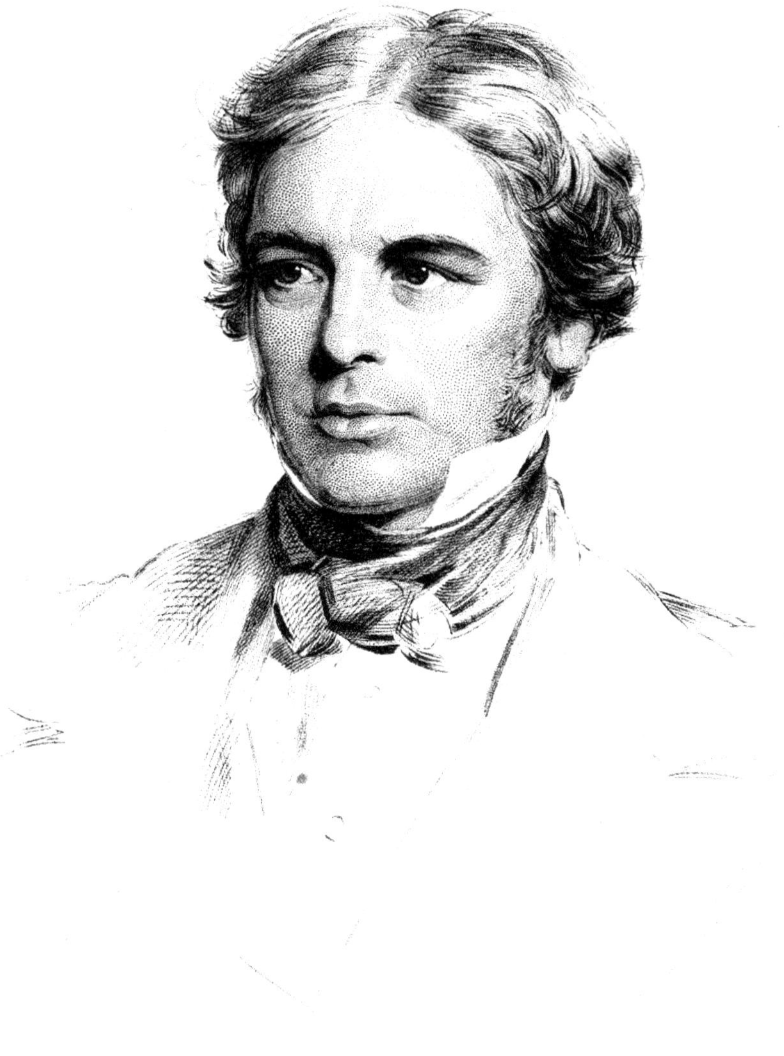

目录

前言　　001

第一章　1791　铁匠之子　　003
18世纪的伦敦　　005
生于贫苦　　009
贫民窟　　014
初见转机　　017

第二章　1804　学徒少年　　021
好奇小报童　　023
免费学徒　　026

第三章　1810　自学之路　　031
三本著作　　033
阁楼实验室　　035
两个讲座　　038

第四章　1813　科学之门　　049
邂逅名师　　051
初次碰壁　　057

好事多磨　　060

第五章　1814　欧陆之旅　　067
壮游法兰西　　069
紫色晶体　　071
火山！火山！　　073
我的大学　　078

第六章　1819　立业成家　　085
初露峥嵘　　087
诗与爱情　　093

第七章　1821　师生风波　　101
电的历史　　103
电与磁　　106
伟大发现　　108
轩然大波　　111
另辟蹊径　　113
皇家学会会员　　115

第八章　1826 圣诞讲座　119
我不是天生的演说家　121
圣诞少年科学讲座　125
《蜡烛的故事》　129

第九章　1831 电磁感应　133
屡败屡战　135
啊！电流！　137
提出"场论"　140

第十章　1835 淡泊名利　147
我不要年金！　149
我不受爵位！　153
我不缺住房！　155
　　尾声　157

后记　161

前言

在21世纪的今天，当我们享受着现代科技带来的便利时，是否会思考一个问题：什么是日常生活最不可或缺的呢？

如果答案是电力，恐怕绝大多数人不会反对。从清晨醒来，我们就始终与电形影不离，随时随地环顾四周，举手投足间，衣食住行的每个环节，几乎都要依靠电力提供动力。夜幕降临、华灯初上时，人们还依靠电力延续着工作、娱乐、阅读、聚会等丰富多彩的晚间生活。但是，电力也不是凭空而来的，人类享用这样的便利生活才不到200年的历史。那么，没有电力的人类生活是什么状态呢？

让我们闭上眼睛，展开丰富的想象，搭上"时光马车"，开启一场穿越时空之旅，目的地——伦敦；时间——1791年9月22日。

当你走下"时光机"，时值秋日傍晚，踏上这座2000多年历史的古城的石子路，马上就会发现眼前雾气弥漫，能见度相当低，只能隐约看出高大建筑物的尖顶。可能你会脱口而出——"'雾都'名不虚传啊"，但很快你就会发现这座城市没有想象中那般迷人和友善。

眼前的街道一片昏暗，路旁挂着用鱼脂作为燃料的街灯，在浓雾中拼尽全力也只能照亮极有限的一两米区域。在没有街灯的小巷，你会发现几名绅士由一个举着火把的"少年火炬手"引路，踉跄前行。目力所及的范围内，总有几十个高耸的大大小小的烟囱，汩汩地冒着黑烟，它们来自各种工厂、店铺、垃圾处理厂以及家家户户的壁炉。

在你还未辨清方向的时候，就一头扎进这座城市的喧嚣里。街道上充斥着马车驶过的踢踏声、小贩的叫卖声、犬吠声、铁匠铺里的铿锵声、船舶的鸣笛声、码头装卸货物的嘈杂声、街头艺人的音乐声、戏院门口招揽观众的吆喝声、酒馆门里传出的喧闹声、酒瓶摔在街上的碎裂声、警察的怒斥声、捡拾垃圾的孩童的叫喊声，还有隐没于其中的教堂钟声。这是"咆哮的伦敦"在欢迎你。

当你在一片聒噪中开始心烦意乱，下意识地想捂住耳朵时，更应该先捂住鼻子。从你踏进伦敦那一刻起，还没来得及享受烤面包和黑咖啡的香味，煤烟的粉尘就会迅速进入鼻腔。然后是更难闻的弥漫在潮湿空气中类似氯气的混合发酵的恶臭味道，它们来自鱼店、肉铺门口堆积的腐肉，马厩里、垃圾场上、街道边的人类和动物粪便，下水道里深达一米的污水。

不一会儿，你就看到自己的衣服上已经落了一层黑灰色的煤烟粉末。正要伸手掸去灰尘，迎面一个醉汉把你撞了个趔趄，你不得不扶住了街旁的建筑物外墙。目送着骂骂咧咧的酒鬼离去，你惊讶地看到自己的手和衣袖都被墙体上厚厚一层积尘染黑了。你肯定会大喊："天哪，快带我离开这个鬼地方吧！"

好吧，我们尽快搭上"时光马车"逃离18世纪末的伦敦城。但这就是那个时代真实的生存状态，不久前发生的工业革命给这座城市注入了活力、机遇和财富，但同时也带来了污染和混乱。而且，这场划时代的技术革命在此刻还没有给伦敦城带来电力的"光明"。

马车驶向伦敦城南面的纽因顿小镇，在那里，一个婴儿刚刚呱呱坠地。我们将跟随他的人生轨迹，阅读他的心路历程，体验他生命中最重要的10个年份，见证他改变世界的丰功伟绩。正是他的伟大发现，给伦敦乃至全世界带来光明，使全人类受益至今。他就是，电磁感应现象的发现者，电动机、发电机的发明者，"交流电之父"——迈克尔·法拉第（1791～1867）。

一件事实，除非亲眼目睹，
我决不能认为自己已经掌握，
我必须使我的研究具有真正的实验性。

——

迈克尔·法拉第

人才出于贫寒家庭,
莲花开在死水。

——

弗里德里希·威廉·尼采

（德国哲学家）

第一章　1791　铁匠之子

1791 年 9 月 22 日

纽因顿小镇

夜幕降临，小镇异常宁静，四下里一片漆黑，因为没有几户人家能点得起油灯。30 岁的铁匠詹姆斯·法拉第坐在小木屋的门口，一边闷闷地抽着烟斗，一边不断地咳嗽着。他为了自己第三个孩子的降生忙活了一整天，现在稍作休息。他的大儿子罗伯特已经很懂事地照顾小两岁的妹妹睡下，然后又点燃了油灯来到床前照顾妈妈。新生儿对这个困顿的小家庭来说不知是福是祸，在他没有成长为壮劳力之前，就意味着又多了一张嘴。虽然妻子玛格丽特贤惠能干，操持着一应家务，可仅凭詹姆斯拖着病体支撑这个五口之家，确实举步维艰。"罗伯特，别浪费那点油了，"玛格丽特虚弱地说道，"留着等有急事再用。""我想再看看弟弟！"罗伯特借着微弱的灯光好奇地端详着小婴儿，又抬起头问道，"妈妈，给他起名字了吗？"玛格丽特欣慰地笑了笑，慈爱地看着襁褓里的孩子，徐徐说道："就叫迈克尔吧，希望能像你们外公一样聪明、坚强。"

18 世纪的伦敦

公元 1215 年，英国国王约翰被迫签署《大宪章》，历经上千年的封建王权第一次被撼动。1649 年，奥利弗·克伦威尔率领议会军队击败王党军队，处死国王查理一世，成立英吉利共和国。1660 年，查理二世复辟，英国民主共和制的尝试虽然短命，但封建王权已摇摇欲坠。1688 年，英国资产阶级和新贵族发动"光荣革命"，兵不血刃地推翻了国王詹姆士二世的统治，从此建立了君主立宪制的新国家。国家权力逐渐被资产阶级掌控。

17 世纪末期的英国远离战乱，百废待兴，各行各业均得到了蓬勃发展。首先产生了农业革命，通过圈地运动、改进工具和耕种手段，土地大量集中，生产效率极大提高。随之就造成了大量农民失去土地、涌向城镇，大大刺激了各种手工业的发展。

经过几十年的逐渐积累，到了 1765 年，纺织工人詹姆斯·哈格里夫斯发明了以自己女儿名字命名的"珍妮纺织机"，促进了纺织工业的发展，也拉开了"工业革命"的序幕。1776 年，詹姆斯·瓦特研制出第一台有实用价值的蒸汽机，应用于矿业，人类从此进入"蒸汽时代"。

基于这些成功的改革创造，英国的手工业迅猛发展。由此引发了本国各地乃至欧陆各国的民众奔向英国的大城市，投身于蒸蒸日上的各种产业。这些城市中最吸引人的莫过于首都伦敦。

伦敦城因其无可替代的政治经济地位以及便利的地理位置，正以前所未有的速度扩张着。打开彼时的伦敦地图，城市的边界已经由于雨后春笋般的工厂、仓库、社区和住宅而模糊不清，穿城而过的泰晤士河就像张开的双臂一样拥抱着四面八方聚集来的人们。在当时的一幅漫画里，一名男子在伦敦城的界碑处，手指城里方向，询问路人"伦敦是否黄金铺地？"

006_ 伟人的青年时代　法拉第

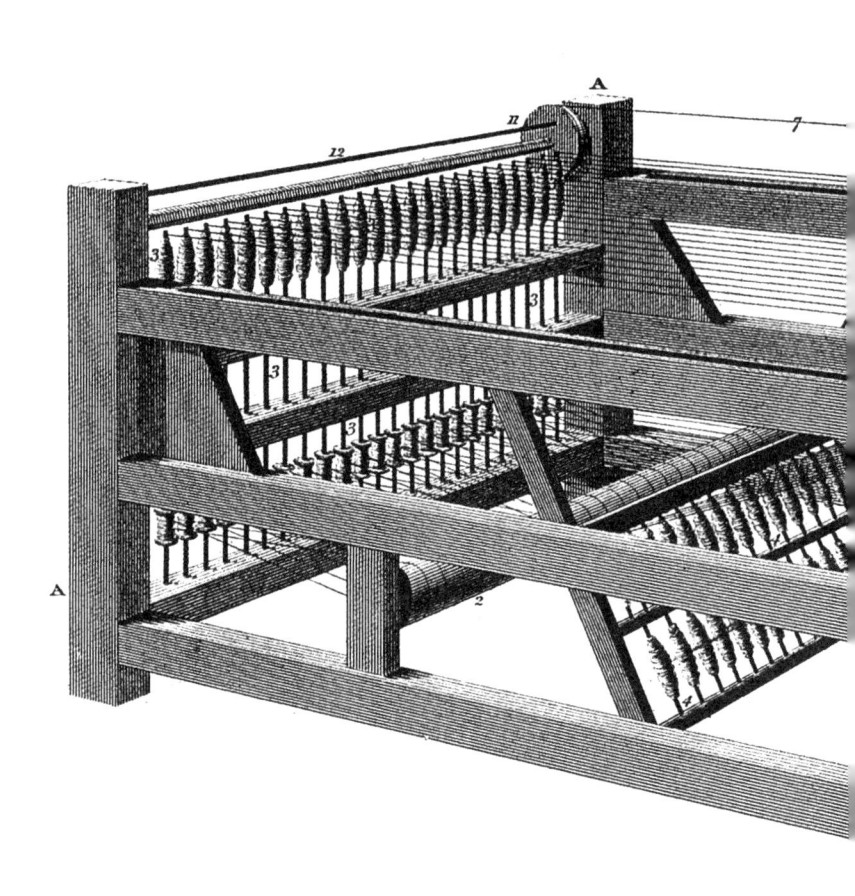

*
珍妮纺织机

詹姆斯·瓦特(1736～1819)

这些蜂拥而来的"淘金者",起初都倚仗在家乡的一技之长落脚在伦敦各处,逐渐形成了各具民族特色的行业聚集。比如,掌控制糖业和玩具业的是德国人,从事出版业和服装业的多为法国人,贩卖旧衣服、开典当行的都是犹太人,面包师傅大多是苏格兰人,卖牛奶的肯定是威尔士人,而理发师、烧砖工、屠夫、鱼贩都是土生土长的伦敦人。这些人中,最苦命的要算爱尔兰人,可能是因为他们直率、倔强和稍显愚钝的性格,只能在各行各业做苦力和学徒为生。我们故事的主人公恰恰就是一个爱尔兰后裔。

生于贫苦

在伦敦城以南的纽因顿小镇,聚集着不少爱尔兰后裔,他们大都从事粗重的手工行业,其中就有不少铁匠。

詹姆斯·法拉第就是其中的一位,他来自英格兰北部,邻近苏格兰的约克郡。年轻时为了讨生活,随着打工大潮一路向南,最后他来到了纽因顿小镇。经过几年的学徒,詹姆斯成了一名普通的铁匠,并结识了一位爱尔兰裔姑娘玛格丽特,随后结成连理,并在小镇上租下几间小木屋,开了个小铁匠铺。

玛格丽特拥有着爱尔兰人典型的勇敢和坚韧,而且明事理、善理家,詹姆斯则有着苏格兰人的憨直和任劳任怨,小两口起初的日子还算从容。但是近两年,由于工业革命引发的劳动力聚集,年轻人都奔向了伦敦,小镇上的生意越来越难做。随着两个孩子的降生,詹姆斯不得不为了一家的温饱而拼命加倍工作。结果起早贪黑的过度劳作,拖垮了他本来强壮的身体。一天繁重的打铁工作结束后,他都拖着疲乏的身子回到家,躺在床上浑身骨节疼痛难忍,还不断地咳嗽,眼前的妻儿成为他支撑下去的唯一精神支柱。妻子把一切都看在眼里,日子虽然艰难,但她从不抱怨。玛格丽

沃尔沃思路

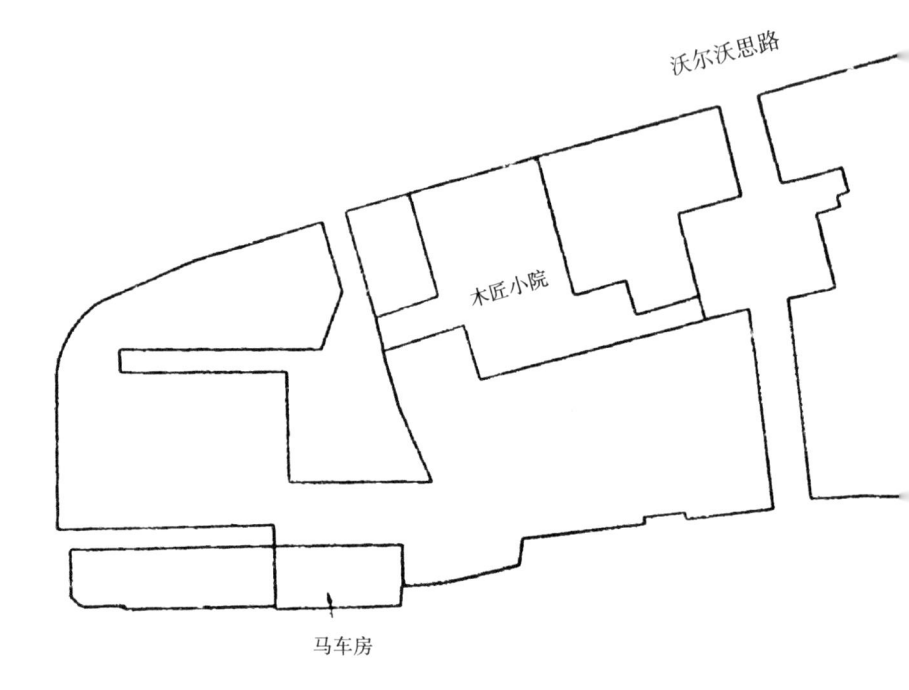

木匠小院

马车房

第一章　1791　铁匠之子　**011**

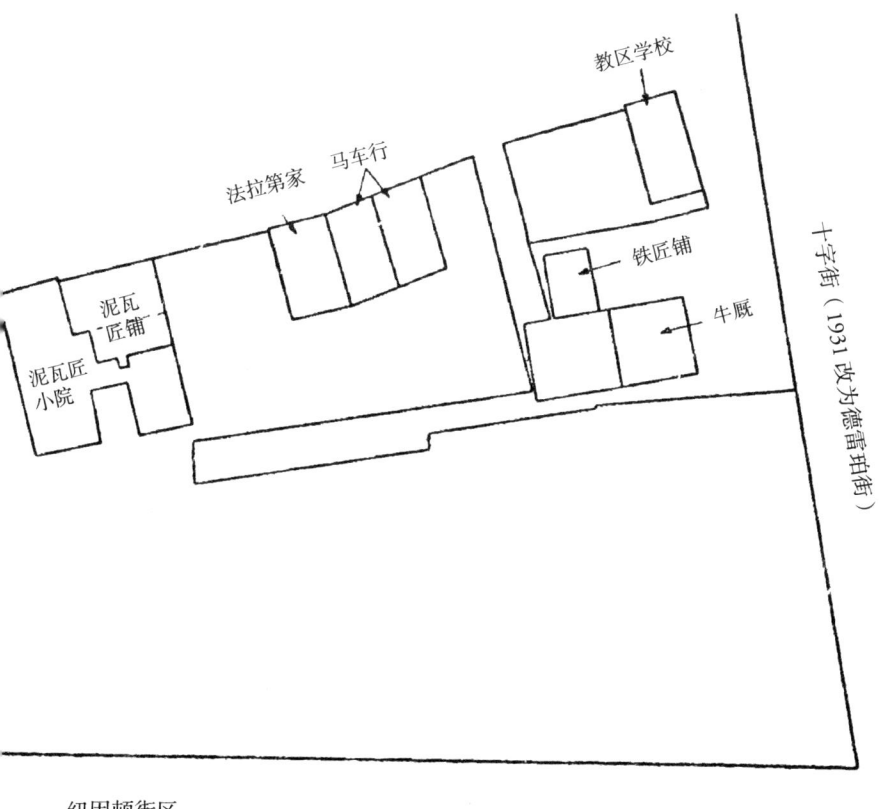

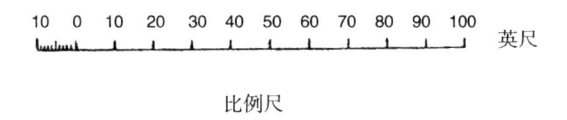

法拉第出生地街区示意图

*

纽因顿小镇街景

特不仅是持家的好手，精打细算每一个便士，而且在精神上鼓励丈夫。每当詹姆斯愁眉苦脸的时候，她总会柔声说一句："等孩子们慢慢长大，日子会好的。"

如今这个家庭的第三个孩子，迈克尔·法拉第出生了，无疑又让穷困的生活雪上加霜。但乐观的玛格丽特总是能给丈夫和孩子们以信心。此时她对着闷闷不乐的丈夫笑道："詹姆斯，这下就有两个小男子汉帮你咯！"詹姆斯敲敲烟斗，回到房里，看着小迈克尔喃喃说道："快快长大吧，孩子，可别像我这么没出息。"

就这样，虽然一家人没有丧失希望，日子却着实越来越艰难。作为一个铁匠，天天围着炉火打转，可到了冬天，自己家里却烧不起煤火，一家老小在晚上就靠着灶台的余温勉强取暖。詹姆斯的身体一日不如一日，高强度劳作的时间越来越短，他的收入自然越来越少。夫妻俩即便省吃俭用，三个孩子的温饱都成问题了。一家人日常三餐就是黑面包和燕麦粥，再配一些简单的炖蔬菜，还经常出现为了一块面包夫妻、母子、兄弟间互相谦让的情形。要知道，那些吃食在现在的人看来是"高纤维健康膳食"，那是因为我们今天的日常饮食营养过剩。在当时的英国，就是典型的"粗茶淡饭"，对穷苦家庭来说有粗粮能吃饱就很幸福了。这样的伙食对正在长身体的小家伙来说没有什么好处，以致小法拉第明显比哥哥生得瘦小、羸弱。詹姆斯捏着小儿子的小胳膊时，都怀疑他能不能继承自己的打铁手艺。

这样的日子勉强支撑了两三年，随着小法拉第小妹妹的诞生，这个小家再次笼罩了阴云。四个孩子的负担压得詹姆斯喘不过气来，身体快要被彻底压垮了。玛格丽特无奈之下，想到了找镇上的亲戚族人寻求帮助，但是一无所获，谁家也不富裕，救急救不了穷。不过，在玛格丽特和族人闲聊的时候，有人给她指了一条明路——去伦敦闯世界。

就在詹姆斯快坚持不下去的时候，妻子再次无条件支持他。她向丈夫说明了伦敦有大量的新兴工厂和住宅以及大量的人群，凭着他打铁的手艺一定能找到出路。詹姆斯也觉得眼下的困局只能选择搏一次，于是在小女儿稍稍大一点的时候，一家人打点行装，雇一辆马车，奔向希望之地——伦敦。

贫民窟

从某种意义上来说，当时的伦敦城确实遍地"黄金"。但这如黄金一般的投资发财机会并不会青睐所有人，随着农业革命和工业革命的飞速发展，诞生了大量的新兴产业和就业机会，社会财富逐渐聚集在资产阶级的腰包里。而对于广大的底层劳动人民来说，机会是有的，但生活还是一样艰难。

迈克尔·法拉第5岁那一年，全家搬到了伦敦东区，住在一条小巷里一间马车行二楼的出租房里。房屋破旧不堪，门口是一架摇摇晃晃的木楼梯，每逢马车进出，整个房子的木板都会咯吱作响。这里是人称"乌鸦巢"的著名贫民窟，鱼龙混杂，垃圾遍地，生存环境恶劣。詹姆斯另租了两间破屋干起了铁匠生意。

小法拉第的哥哥姐姐虽然没到出去工作的年龄，但已经开始帮助妈妈分担一些简单的家务了。小小年纪的法拉第也担负起了照顾小妹妹的职责，即便在门口和穷孩子们疯玩的时候，也时刻照看着妹妹，一听到马车的声音，立刻就跑回来把妹妹抱到家门口的木楼梯上，以防被车行里来来往往的马车撞到。玛格丽特一如既往地辛勤照料一家大小的生活，同时还要找邻居妇女们收揽一些针线活生意来贴补家用。

伦敦阴冷潮湿的气候使得詹姆斯的身体每况愈下，再加上空气污染加重了他常年的肺病，在奋力挣扎了三四年后，终于倒下了。再也抡不动铁锤的詹姆斯，只得把店铺兑了出去，在家卧床休养。这个小家的天塌了。

*
法拉第一家租住的简陋房屋

看着四个可爱的孩子衣食不继，詹姆斯欲哭无泪，只要身体稍稍好转一点，就强打精神到别人家的铁匠铺里打打零工，哪怕多挣一个便士也是好的。这样三番五次地折腾后，詹姆斯彻底被击垮了，刚强的汉子连床都下不了了。

玛格丽特心急如焚，可也想不出什么生存之路，最终经过房东的指点，不得不求救于伦敦的慈善机构。在伦敦城里，尤其是相对贫穷的东区，有类似济贫院和教区委员会这样的慈善机构，负责周济活不下去的穷苦人一些食品和生活物资。

玛格丽特每周领回教区发的面包，都要分成几个小块后，再分别切成七天的分量，发给几个孩子。玛格丽特每次切面包的时候，眼泪都在眼眶里打转，但是天生乐观、坚强的她，从不会在孩子和丈夫面前哭泣。她知道，自己现在就是这个家的支柱，懦弱和放弃就会毁掉一切，只有隐忍和坚持才有希望。

在孩子们围着她切面包的时候，玛格丽特就会如做游戏般地给每一片面包编号，嘴里像唱儿歌似的说道："这一片是星期一1号，上午吃；这一片是星期一2号，下午吃……星期日1号，上午吃；星期日2号，下午吃……"几个孩子也在这样的欢乐氛围中，暂时忘记了生活的悲苦。正是妈妈的乐观精神深深地影响着四个孩子，尤其是家里的两个小男子汉。

12岁的大儿子罗伯特性格很像他耿直、内向、善良的父亲，他早早就担负起了长兄的责任，照顾病重卧床的父亲和几个弟弟妹妹，帮妈妈料理家务事。一到分面包的时候就挑最小块的，憨憨地表示自己不饿。在父母愁眉苦脸的时候，也会拍拍小胸脯说："你们别担心，很快我就能出去当学徒，打工挣钱了！"而只有9岁的小法拉第则真像妈妈当初给他取名字时期望的那样，很小就具有聪颖的头脑和坚强的意志。他下定决心要赶紧长大，和哥哥一起把这个家撑起来。分面包的时候，他不像大哥那样憨直，而是经常趁家人不注意，把自己那份面包拿出一两片放到爸爸和妹妹的盘子里。这一切都看在玛格丽特眼里，她偶尔会躲出门去暗自垂泪。这泪水一半是酸楚，一半是欣慰。

说到小法拉第幼年困苦的境遇，不由得让人想起一部英国文学名著《雾都孤儿》。作者查尔斯·狄更斯和法拉第属于同时期的伦敦人，他用充满辛辣讽刺的语言描述了当时伦敦贫民窟的恶劣生存环境，权贵阶层的伪善、残忍以及小主人公奥利弗饱受摧残、屡经磨难的人生经历。小奥利弗生于济贫院，母亲病故，父亲不知所终，在管理员们"悉心照顾"下艰难地活着。在一次就餐时他因为没吃饱而多讨要一碗粥，受到残忍的责罚，被迫早晨洗冷水浴，管理员"为了避免奥利弗着凉，总是十分殷勤地拿藤条抽他，给他一种全身火辣辣的感觉"。

小法拉第虽然不像奥利弗那么孤苦悲惨，他有父母的照顾和兄弟姐妹的关心，但是饥一顿饱一顿的生活条件也相差无几。这两个孩子共同之处则是在成长的苦难中同样自强不息。小奥利弗被济贫院卖给棺材铺老板当学徒，因为不堪其辱，愤而逃脱，只身来到伦敦。即便是不幸地落入贼窟，他也秉持着良知和坚韧，最终脱离苦海、找到幸福。小法拉第也在日后的学徒、求知、科学研究的历程中，屡受挫折而始终不改初衷，不受诱惑，在混杂的伦敦不曾迷失片刻，最终成就了一生的伟业。同样出身贫贱的伟大科学家数不胜数，富兰克林是染匠之子，康德是皮匠之子，瓦特是木匠之子，可想而知，他们能够取得成功付出了比常人更多的努力与拼搏。英雄不问出处，少年时期的苦难和挫折反而是法拉第一生受益的真正财富。

初见转机

转过年来，罗伯特年满13岁，按照当时英国人的传统，长子要子承父业，于是他找了一家铁匠铺子开始了学徒生涯。学徒初期虽然是没有收入的，但是罗伯特总会在工余时间再打点零工挣些小钱。随着最小的妹妹逐渐长大些，小法拉第和姐姐也能够勉强照顾父亲生活了，玛格丽特开始到富人家做帮佣。一家人的生活状况虽然还没有很大的转变，但是日渐起色，起码看到了希望。破旧的小木屋里，慢慢也开始有了欢声笑语。

又是忙碌的一天结束了，孩子们都已入睡，玛格丽特开始和丈夫商量小法拉第的未来打算。

"等罗伯特再过几年学徒出师了，咱们俩带女儿们回乡下吧，"玛格丽特对着丈夫低声说道，"那里对你的病情有好处啊。"

"不行，我还得教迈克尔打铁呢！"詹姆斯倔强地答道。

"得了吧，咱们小儿子那身子骨干得了打铁这样的重活儿吗？"妻子嗔怪地坐起身子看着丈夫，"我想让他去读书，将来也许有别的出路。"

"这能行吗？上学可是要……"詹姆斯想到学费的问题，羞于启齿。

"不用你操心，家里的钱紧一紧就行了。"玛格丽特又补充道，"教区的救济会也会帮忙减免学费的。"

"那倒是好，可是，"詹姆斯还是有些顾虑，"咱家的孩子是读书的料吗？"

"你还没看出来吗？"玛格丽特得意地盯着丈夫，"迈克尔像他外公一样聪明！"

在玛格丽特的一再坚持下，小法拉第开始上学了。正是母亲的决策，冥冥中把法拉第引上了一条正确无比的人生道路，如果他从小开始围着火炉转，恐怕我们将注定失去一位伟大的科学家了。但是这第一步绝非我们想象得那么顺利。

在当时教会办的学校里，教学的主要内容是语言、文学、伦理和少量的数学知识。对于小法拉第这个年纪的孩子，所学的课程就是识字和阅读。入学伊始，小法拉第就对阅读产生了极大兴趣，这是在家里父母、哥哥姐姐都不能教给他的认知世界的方式。但是很快地,他发现在学校里越来越不自在。同学们都很歧视这个来自贫民窟的穷孩子,他们讥讽小法拉第的旧衣衫和营养不良的瘦弱身材,甚至连老师都在朗读课时嘲笑他蹩脚的爱尔兰口音。

一次课堂上,因为一个单词发音不标准,一名女老师对着小法拉第大发雷霆,训斥他是个没用的笨孩子。继而老师又把他哥哥罗伯特叫来,一并羞辱这出身卑微的兄弟俩。看着弟弟小脸憋得通红,马上就要哭出来了,倔强的罗伯特对着老师怒吼一声,一把拉起小法拉第跑出了学校。回到家里,两人说明原委,妈妈丝毫没有责怪儿子们,反而为兄弟俩不畏屈辱的举动而自豪,拍拍他们的小脑瓜,说了句"爱尔兰的男子汉就该这样!"

于是,小法拉第变成了失学儿童。谁又能想到,这位伟大科学家的学历表上,接受正规教育的年份就仅有这两年。在现存的法拉第书信中曾写道:"我所受的教育是最普通的一类,比当时一般的走读学校中所教的基础阅读、书写、算术强不了多少。"可就在这段短短的时间里,法拉第接受了基础学习技能的启蒙,为将来漫长的自学成才之路打下了基础。无论是当时经历从中学到大学的正规教育历程的知名科学家,还是现如今接受系统教育的孩子们,都比法拉第要幸运和幸福得多。但这也就凸显了法拉第在那般恶劣的生存条件和少得可怜的教育经历下,自强不息的伟大精神。

小法拉第并没有因辍学而沮丧,此刻他还不曾有投身科学事业的宏图大志,而是想着尽快担负起改善家庭困境的重任,就安慰妈妈说道:"我不想上学了,要和哥哥一样当学徒去!"

论基础,我很差,

论天赋,我很低,

论出身,我很卑微。

过去我荒废了,

但是从现在起,

就不能再继续荒废下去,

必须做一番大的事业。

——

迈克尔·法拉第

第二章　1804　学徒少年

1804 年某日午后

伦敦街头

　　伦敦的午后三点，正是有钱人家喝下午茶的时间。一个身材瘦小、一头棕色卷发的小报童，背着装报纸的大挎包，蹦蹦跳跳地穿行在伦敦东区街头。他一身粗布衣帽却十分整洁，哼着歌儿一路穿街过巷，来到一家大门口。推开院门走到房门口，他取出一大摞报纸，叩响了铜门环，可是等了半天没有动静，就又叩了两下门，靠在门廊边的栏杆上耐心地等着。他悠闲地欣赏着门口花园里的花草树木，随后被树上的几只小鸟吸引住了。小鸟们在茂密的树叶中时隐时现、叽叽喳喳。接着他发现了一个有趣的现象，鸟儿栖息的这棵大树极其繁茂，绝大部分树冠都在这家院子里，唯独树根却扎根在邻居家里。他开始任思维驰荡：这棵树的树枝、树叶、花朵和果实都属于这个院子，连树荫和鸟窝都是，但是树根却属于邻居家。那么，这棵树到底算谁家的呢？小报童顺着这个思路开始自己的设想：如果我像这棵树一样，脑袋钻到栏杆外边，身子在里面，那么我到底属于哪一边呢？正在他把头穿过栏杆胡思乱想时，门突然开了，门板一下子撞在他的屁股上。他被吓了一跳，赶紧缩回身子，慌乱中脑壳重重地在栏杆上磕了一下。小报童匆匆放下报纸，捂着脑袋，在开门女仆的笑声中尴尬地落荒而逃。

好奇小报童

法拉第在年满13岁时，就吵嚷着要去当学徒了。父母二人犯了难，虽然欣慰于小儿子很懂事，但是心疼他羸弱的身子骨，一时间还想不到给他找什么样的行业去打工。哥哥罗伯特从小就疼爱这个弟弟，也知道他不是干粗活儿的料，而且比自己聪明机灵得多。于是想了想说道：

"我想起来了，我上工经常路过的一家书店好像在招学徒呢。"

"罗伯特，你说的是布兰福德街拐角那家吗？"妈妈玛格丽特问道。

"啊，我知道，那里橱窗里都是书，他家是卖书的吗？"法拉第一双眼睛亮了起来。

"我记得是装订、翻新旧书的，"罗伯特凑近弟弟说道，"去他家当学徒可以免费看书啊！"

"哦，那个老板我见过，是个法国人，很和善的。"爸爸詹姆斯转向法拉第，"你愿意吗？"

"愿意愿意，当然愿意！"法拉第兴奋地点着头。

"好孩子，"妈妈抚摸着法拉第的头，笑笑说道，"明天我就带你去问问。"

身形富态的乔治·里波先生是法国移民，仗着在家乡学会的装订书籍的好手艺，来到伦敦发展，开了一间小书店，主营修补和装订旧书，捎带销售书籍和文具，并出租报纸。在当时的英国，印刷出版业还不十分发达，所以书价昂贵，普通人家根本买不起这种奢侈品。即便是富贵人家也对书籍视如珍宝，通常都是要代代相传的。一本书往往会被很多人反复翻阅，等到书脊散开、书页破烂不堪的时候，就需要拿到里波先生的店里重新修补、装订。报纸也是这类情况，穷人家没文化，也没钱买报纸看，有钱人家也是花少量的钱租看报纸。在一定时间期限内，再由书店的报童取走报纸，送到下一家租户。

法拉第站在书店里好奇地四下端详，不大的门店里，橱窗里、书架上、书桌上、装订台上都是各种精美的书籍，连角落里都堆着等待修补的旧书。里波先生端详着眼前这两母子，顿生恻隐之心。虽然从衣着上不难看出她们出自底层贫苦人家，但是母子俩穿着都干净整洁，言谈举止不卑不亢。里波先生爽快地答应收下法拉第，先做店里的送报童。

就这样，法拉第开始了第一份送报纸的工作。他在伦敦城的大街小巷奔走，不管刮风下雨，不管严寒酷暑，一点不觉得辛苦。相反，他从来都是一路小跑、哼着歌儿，像一只欢快的小鸟一样享受这份工作。一来是十几岁的小孩子本就喜欢穿街过巷、蹦蹦跳跳的生活，二来，这份工作每多挣一个便士，就是为家里分担一份责任。而更重要的是，报纸这种媒体为他打开了一个远比伦敦城更大的新视野。

在工作的间隙，法拉第都要阅读那些信息量极大的报纸。报纸上的内容可以说是大千世界、无所不包，社会、政治、军事新闻，科学前沿探索，奇闻逸事，生活指南，小说诗歌，不一而足。对于只上过两年学、平时信息闭塞的法拉第来说，简直是大开眼界。但是报纸上很多名词、术语对13岁的孩子来说还是太难懂了。于是，每天收工回店里的时候，法拉第就会缠着里波先生问这问那。

"里波先生，我回来了。"法拉第冲进店门，放下挎包就趴在里波先生的书桌前。

"好孩子，先去喝口水吧。"胖胖的店主人微笑地看着满头大汗的小男孩，怜惜地说道。

"我不渴，我先问问您，"法拉第抓下帽子擦着汗，迫不及待地问道，"要是我一脚在门里，一脚在门外，那么我这个人到底出没出门呢？"

"哦？嘿嘿，"里波先生很惊诧，从眼镜上方盯着法拉第，"你这是个哲

*

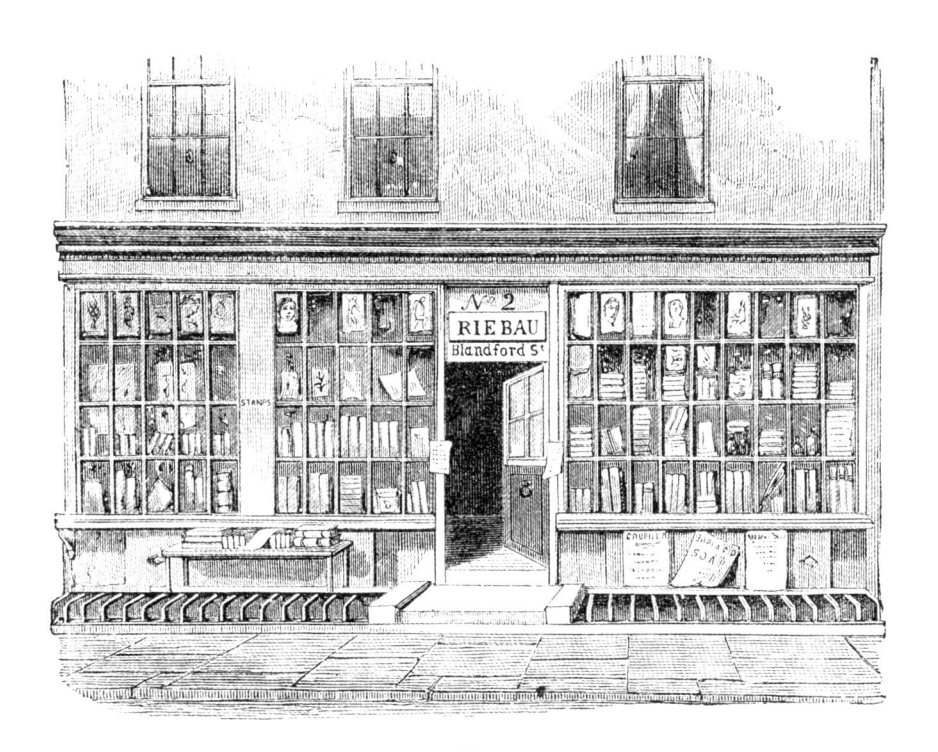

乔治·里波先生的书店

学问题啊!"

"哲学问题?什么是哲学?"小报童一脸疑惑。

"哲学嘛,"里波摘下眼镜,放开手头的工作说道,"就是人类认识世界、思考世界的高深知识啊,你还小呢……"

"我在报纸上看到过,"不等老板说完,法拉第就抢着说道,"那么,自然哲学又是什么?"

"自然哲学就是涉及科学研究咯,"里波耐心地给法拉第讲解着,"比如天文学啦,物理学啦,化学啦……"

"哦,就是这些啊,"法拉第一下挺起身子,"我在报纸上看到过很多自然哲学家都是英国人!"

"嗯,英国人是很厉害咯,"里波故意撇了撇嘴,说道,"法国人也不差哦!"

"我听说最厉害的法国人是拿破仑!"法拉第兴奋地说道,"可是有人说他是天才,又有人说他是疯子,这也是哲学问题吗?"

"哈哈哈哈!"里波先生被孩子接二连三的有趣问题逗笑了,"好了好了,不早了,快回家吧。"

当时,法国正在皇帝拿破仑的统领下,与奥地利帝国、大英帝国、俄罗斯帝国、瑞典等国组成的反法同盟军作战。这么复杂的政治问题又怎么能和一个小孩子解释清楚呢?里波一方面被这个小报童的"十万个为什么"搞得头昏脑涨,不知怎么回答,另一方面也很欣赏这个小男孩有着异于常人的好奇心。里波先生慢慢对这个手脚麻利、头脑机灵、善于思考的小报童另眼相看,在法拉第幼年成长之路上起到了重要的启发、扶持作用。

免费学徒

忙忙碌碌的日子如白驹过隙,转眼一年时间过去了。一天工作结束正要回家时，里波先生叫住了法拉第，说道："孩子，明天让你母亲来一趟，有事情和她商量。"第二天，玛格丽特领着法拉第忐忑不安地来到了书店。

"法拉第夫人，"胖店主开门见山说道，"今天找您来是想商量一下，我不打算让迈克尔再送报了。"

"啊？"玛格丽特顿时慌了，赶紧赔笑道，"小孩子难免贪玩不懂事，里波先生……"

"呵呵，不不不，迈克尔很懂事，活儿干得也很利落。"里波先生忙解释道，"恐怕您是误会了，我想让孩子正式做我的学徒，您知道，最近店里的生意越来越好，有点忙不过来了。"

"哦，是这样啊。"玛格丽特这才放下心来，随即又开始担忧，"这倒是好事，不过……"

"好了，我知道您的顾虑，"里波先生并不犹豫，把想法和盘托出，"现在我就承诺给您，不收他的食宿费，可好？"

"好好好……"玛格丽特激动得不知道该说些什么感谢的话了。

于是，法拉第正式成为里波书店的学徒。按当时伦敦人的规矩，各行各业都是学徒7年，期间跟师傅学手艺、做帮工，不但没有工资拿，还要给师傅支付食宿的费用。对法拉第一家来说，老大罗伯特还在学徒期间，再加上小儿子，两个人的食宿费着实是个不小的负担。善良的里波先生正是看中了法拉第工作上的吃苦耐劳和好学精神，决定照顾一下这个有前途的孩子，没准将来能培养成书店的顶梁柱。

自此，法拉第就搬到了书店上面的小阁楼里，开始了学徒生涯。在书店二楼醒来的第一个早晨，法拉第就感觉进入了新世界。还没下楼就闻到一股旧纸、油墨、胶水和牛皮的混合味道，紧接着又飘来烤面包和煮咖啡的香味，让人精神一振，法拉第感觉浑身充满了活力，一溜小跑下了楼。

里波先生已经在桌子旁边等他了，手边放着铜尺、胶水、切割刀等一应工具。他把店里其他的工作安排妥当，就开始一心一意地手把手教法拉第装订手艺。不出几天工夫，里波就发现，法拉第不仅仅是个机灵孩子，学习和动手能力都很强，而且还非常细心。这个平日里喜欢在街上疯跑的孩子，坐在书桌前，一下子换了个人似的，做起活儿来安安静静、一丝不苟，而且每次工作完毕，书籍、工具和材料都收拾得整洁利落。里波心下欢喜，看来这次没看走眼，这孩子用不了几年就能锻炼成优秀的装订技工。于是，他将自己多年来熟稔的全部技能倾囊而授，教给法拉第如何把破旧的烂书变得坚固、美观、耐久、无错漏而且便于翻阅。

法拉第也很快爱上了这个新工作。此前，在他的家里，父母家人都不识几个字，所以唯一的书籍就是一本快被翻烂的《圣经》。而在店里，他每天都被大量的书籍包围着，看着那精美的装帧，抚摸着那古旧的纸张，闻着那油墨的陈香，有一种前所未有的愉悦感。更重要的是，装订书籍的工作，给他打开了一扇知识的大门。之前在报纸上读到的以新闻时事为主，而他现在接触到的是真正的知识。店里别的学徒做完活计就做别的消遣了，对书籍本身并无多大兴趣。可是法拉第每天在工作之余，开始了如饥似渴的阅读。

最先吸引一个孩子的，无疑会是故事书。法拉第也如此，他最先阅读的就是著名的《一千零一夜》。这套书确实是很适合少年儿童阅读的古代阿拉伯民间故事集，里面有"阿拉丁和神灯""航海家辛巴达""阿里巴巴和四十大盗"等光怪陆离的奇幻故事，而且还有精美的烫金插画。法拉第一下子被书中描绘的精彩故事情节和异域风情迷住了，每每到书店打烊了，他还靠坐在书架前，痴迷地翻阅着，有时连晚饭都忘记吃了。里波先生看在眼里，并不责怪这个爱读书的孩子因此耽误工作和休息，有时候还会为他留一盏油灯。

法拉第一边看着，一边幻想着像书中情节一样"用手擦了擦油灯，奇迹出现了，一个巨神站在面前，恭敬地说：'主人，我是灯神，请问您有什么吩咐。'"只是想象还不过瘾，他就开始照着书里的插画描摹下来，订成一本小册子，时常翻阅。

等这套书全部修补、装订好，客人取走以后，法拉第又开始读《莎士比亚戏剧全集》。这套书就比《一千零一夜》要成熟很多了，法拉第虽然还不能体会书里那优雅的辞藻和深邃的含义，但可以大致读懂那更加接近现实、更为复杂的戏剧情节。这一回法拉第不是频频展开幻想了，而是不时地站在书架旁，煞有介事地背上几段《哈姆雷特》或者《威尼斯商人》的经典台词。那一副"小大人儿"的样子，经常会把里波先生逗得呵呵笑起来。

这段时间里，法拉第是无比快乐的，一边学装订手艺，一边读自己感兴趣的书，偶尔回家看看父母，还给姐姐妹妹讲讲故事，一家人其乐融融。

在当学徒三年后的一天傍晚，外面下着大雨，法拉第忙完了工作，坐在书架前，一边翻阅着一本书，一边在小本上抄抄写写。里波先生回到店里，脱掉淋湿的外套，念叨着"伦敦这鬼天气"，把一个布包放在书桌上，喊着法拉第的名字。

"迈克尔，过来，"里波先生一边擦着脸上的雨水一边说，"交给你一个艰巨的任务。"

"好的，先生，您尽管吩咐。"法拉第放下书，跑过来答道。

"你的手艺学得还不错，是时候检验一下你的能力了，"里波先生对着那个布包努了努嘴，"独立完成这本书的翻新、装订，怎么样？"

"没问题！"法拉第难掩兴奋之情，慢慢打开被雨水打湿的布包。

包里放着一本很厚的书，封皮上字迹模糊不清，书页破损严重而且都湿透了，书脊已经脱落，看来这个任务确实比较艰巨啊。法拉第一边心里打着鼓，一边仔细辨认出书脊上的字迹——《大英百科全书》。

学习这件事不在乎有没有人教你,
最重要的是自己有没有觉悟与恒心。

——

让-亨利·卡西米尔·法布尔

(法国昆虫学家、文学家)

第三章 1810 自学之路

1810 年某夜

书店小阁楼

　　子夜时分,白日持续到傍晚的喧嚣终于散去,整个伦敦城都沉睡了。寂静的街巷里,只有偶尔响起的打更声。里波书店的二层阁楼里,却隐隐传出轻微的器皿碰撞的声响。即便窗帘拉得很严实,也能透出如火光般的光亮,时而闪烁,时而倏忽不见。街对面的一个邻居无意中发现了这个神秘的闪光,以为是书店二楼着了火,赶紧披上外套,叩响了里波家的房门。睡眼惺忪的里波夫妇不明所以地开了门,听到邻居的警告,也吓得不轻。要知道,伦敦城历史上有好多次遭受大火造成的灭顶之灾。三个人慌忙爬上楼梯来到二楼,还没来得及敲门,就听到"砰!砰!"两声爆炸的声响,同时小隔间的门缝里透出一道强光。里波先生此时已经彻底清醒了,来不及敲门就一肩膀撞开了那扇门,几个人一起冲了进去。随即,他们就被眼前的景象惊呆了:法拉第伏在一个堆满瓶瓶罐罐的小桌子上,手里正举着一个玻璃瓶,嘴巴兀自半张着,双眼圆睁,一脸的惊诧和兴奋。"出什么事儿了,迈克尔?"里波先生紧张地问道,一时还搞不清楚到底什么情况。"先生,我的实验成功了!"法拉第振臂高呼道。"什么?实验?哦,哈哈哈哈……"里波先生才知道是法拉第在搞鬼,随即爽朗地大笑起来。里波太太也只得尴尬地对着好心的邻居赔笑一番。法拉第却开心地笑着。几人的笑声从窗口飘到大街上,惊醒了沉睡的夜。

三本著作

法拉第接到了首次独立装订一本书的任务，兴奋异常。由于该书破损得十分严重，而且被水完全浸湿了，他只得小心翼翼地把一页页纸张分离、烘干、压平，修补破损和缺角，装订、黏合，前后用了一周时间，终于完成了修复工作。

当他欣赏着自己的劳动成果时，那古旧的残书仿佛涅槃重生，像一位历经风霜却风采依旧的老绅士，让人顿生敬畏之感。法拉第轻轻抚摩着精致的牛皮封面，看着那几个字——《大英百科全书》，不由得逐页翻看起来。谁知，这一看就手不释卷。书里的内容比装帧还要吸引人，以至于他目不转睛地一口气读到深夜，才看了三分之一，直到眼皮打架了才不舍地睡去。

这本《大英百科全书》只是整个系列丛书的其中一本，内容主要是讲述电学相关的科学著述。法拉第第一次接触到了和以前阅读的故事类书籍里完全不同的自然科学方面的知识。书中介绍了很多与电相关的自然现象、科学理论、实验说明，论著的作者有吉尔伯特、富兰克林这样的电学先驱，也有很多不知名的学者阐述了自己的科学探索发现。法拉第就在这机缘巧合之下，涉猎电学的基础知识，从思考玻璃棒摩擦带静电和天空中的闪电开始，逐渐一步步走上了科学探索之路，及至最后成就了伟大的电磁学发现。

法拉第与这本书的相遇看似偶然，实际上，每一个伟大科学家之所以能创造全人类为之骄傲的成就，绝不是因为偶然看到一本书那么简单。这本书对法拉第来说只是他打开科学之门的敲门砖，而成就伟业依靠的是他倾一生之力的执着求索。在迅速地读完这本书后，他发现其中大部分内容都不明白，便把感兴趣的部分都抄录下来，反复咀嚼那些尚不明白的理论。从此之后，法拉第对书籍的选择更倾向于自然科学方面的，而不再是小孩子们感兴趣的故事书了。除了《大英百科全书》，还有两本书对法拉第的一生学习和研究起到了无比重要的启蒙作用。

艾萨克·瓦茨的著作《悟性的提高》是一本讲解学习方法的书。瓦茨是17世纪英国一位多产的诗人和作家，神学家和逻辑学家。他在书中强调了"从观察中学习，从阅读中学习，从交流中学习"的学习方法。这本书点拨了幼年时期没有受过系统教育的法拉第。此前，法拉第从没有想过"如何学习"这个问题，读书做事都是凭自己的兴趣而已。现在，他知道了如何观察大自然，如何有选择地阅读，如何与他人有效地交流。这应该算是法拉第世界观和方法论的启蒙认知。那段时间，法拉第不管去哪里，兜里都要装上这本书，反复地阅读、思考、实践。清晨散步时，他会观察花园里的各种植物的样貌；在教堂礼拜时，他会端详那些宏伟建筑和精美壁画的细节；在和顾客交谈时，会揣摩他们的语言和表情。他已经形成了自己认识世界的有效方法。

另一本对他影响很大的书是简·马舍特夫人的著作《化学漫谈》。家庭教师出身的马舍特夫人对教育和自然科学研究都很感兴趣，于1805年写就了这本针对青少年的化学科普书籍。书中介绍了很多化学基础知识和化学实验，其中最让法拉第感兴趣的就是一项伟大发现——"伏打电池"。1800年，意大利科学家伏特设计了一种装置，用铜片、锌片、浸透盐水的纸按顺序逐个叠加成柱状，能产生明显的电流。"伏打电池"是世界上最早的发电器，人类探索电学奥秘的开端，虽然还没有实际应用的价值，但对于后世电化学和电磁学的研究来说无疑是伟大的第一步。马舍特夫人在书中还写道，用很多组"伏打电池"串联起来产生的电力，就能使水分解成两种气体，而这两种气体混合在一起，一点火，又会发生爆炸，重新变成水。

看到这些内容，法拉第自忖道：化学产生电，电分解水，燃烧后又能还原成水！这简直太神奇了！他的第一个反应就是自己做一个"伏打电池"，来验证书里的内容。法拉第突然意识到，《一千零一夜》的奇幻故事都是假的，神怪妖魔，异象变幻，呼风唤雨统统都是假的。而《大英百科全书》和《化学漫谈》里讲的电闪雷鸣、化学反应都是真实存在的，更吸引人的是，那些神奇的反应自己也能做到啊！

正是上述这几本书把法拉第引入了科学之门。《大英百科全书》让他被电学吸引，开启了电学启蒙；《化学漫谈》使他对化学实验产生兴趣，并具备了"实验精神"，以至后世以"实验科学家"来称呼他；《悟性的提升》让他掌握了正确的学习方法，明确自然科学书籍和文学故事书籍的巨大差别，改掉了轻信一切的毛病，避免了他在自学成才历程上走弯路。在存世的法拉第书信里，提到少年时代的科学启蒙时写道：

> 用不着假设我是一个深刻的思想家或者早熟的人。我是一个思维很活跃而富有想象力的人，很容易像相信《大英百科全书》那样相信《一千零一夜》里的故事。对于我来说重要的是事实，这一点救了我。我可以相信某个事实并且对某个判断总要反复诘问。所以，当我用这样一些小实验来证实马舍特夫人书中的内容时，我就能够找到从事研究的方法，并且发现它们就像我所理解的那样是真实的，我觉得自己在化学知识中掌握了一个支撑点而且被我牢牢把握住了。

阁楼实验室

可是，正当法拉第雄心勃勃地准备开始他的实验时，却发现了一个很现实的问题——没钱。要知道，书中写到的那些实验仪器和材料都是价值不菲的，对一个小学徒来说是可望而不可即的。在当时的英国乃至全世界，进行科学研究都是有钱人的专利,学术圈里很多是非富即贵、有钱又有闲的人。但是法拉第并没有知难而退,从小到大就在困苦的生活环境里打磨出来的坚韧性格,让他永远乐观地面对生活的压力。没钱买新的就捡旧的!法拉第开始在药店和酒馆门口捡拾别人丢弃的破损的玻璃杯、玻璃瓶、瓷罐子,在垃圾场和工厂外搜寻废旧金属,把这些没人要的垃圾统统搬回书店的小阁楼里。再加上从书店厨房讨来的一点点盐、醋和酒,就在自己的小屋里建成了小小化学实验室。

  法拉第做的第一个小实验就是根据《化学漫谈》的描述,把锌片丢进盐酸里,会产生可以燃烧的气体,这就是英国科学家卡文迪许在1766年发现的氢气。法拉第试着做了,点燃气体时,"噗"地一下燃烧起来,冒出蓝色的火焰。他兴奋得一下子蹦了起来,于是一发而不可收拾,随后又成功自制了"伏打电池",以及书里提到的那些简单的化学实验。他被那些奇妙的化学反应震惊了,原来科学是如此的有趣。随着实验越做越多,法拉第慢慢地不满足于观察那些简单的化学反应了,他要把《大英百科全书》里的电学实验都做一遍。可是电学实验大多需要一个提供电源输出的装置——莱顿瓶,法拉第捡来的破瓶子都派不上用场了。

  法拉第寻遍了大街小巷也没找到适用的大广口瓶,就在悻悻地返回书店的时候,一个橱窗让他眼前一亮。这家旧货铺子里摆着的瓶子正是他想要的那个,可是一看价格——6便士,法拉第的心凉了半截。他捏着裤兜里仅有的1便士硬币,一步三回头地离开了那个橱窗,可是那个大瓶子总在脑海里盘旋不散,甚至比阿拉丁的神灯还要诱人。

  到了星期日,法拉第照例回家团聚,一进门就冲到厨房里翻找起来。妈妈还以为这孩子是饿了在找吃的,谁知法拉第一通乱翻后噘着嘴回到房间里闷闷不乐。几番询问之后,家人才知道法拉第是要找合适的大瓶子做实验,因为店里卖的买不起。哥哥罗伯特虽然自己是个没文化的铁匠,但是一向疼爱这个聪明的小弟弟，二话不说就掏出 1 先令（相当于 12 便士），支持法拉第的学习。

法拉第兴奋得晚饭也不吃了，一路狂奔到旧货店买回了那个心心念念的大瓶子，又花了 4 便士买了锡箔，跑回小阁楼。他按照书中的说明制作莱顿瓶，把瓶子里外都贴上锡箔，再装上水，瓶口安置一条捡来的金属棒。然后用自制的"伏打电池"给莱顿瓶充电，再用细铜线把外层锡箔和金属棍连接起来。

不知不觉已到了夜深时分，当法拉第把细铜线接触金属棍的一瞬间，果然如书中描述的那样，火花闪烁，伴随着"啪啪"的声响！法拉第欣喜若狂，天空中的雷电如今就产生于自己的双手之间！突然，又是"砰"的一声巨响！

法拉第吓傻了，还没反应过来是什么情况，已经看到里波夫妇和邻居破门而入了。原来是邻居看到光亮、听到动静，以为发生了火灾，赶忙通知了里波夫妇，随后一起赶来救火的。得知是虚惊一场，众人方才放心地离去。

第二天一早，法拉第就赶紧找里波先生道歉。

"先生，实在对不起，昨晚吓到你们了。"法拉第不好意思地说道，"另外，门锁我已经修好了，嘿嘿。"

"你这孩子，"里波先生并没有责怪之意，反倒是担心起来，"门坏了倒是小事，你在屋里鼓捣些什么呢？看起来很危险的样子啊！"

"我是在做化学实验呢，先生，"法拉第赶忙解释道，"一点也不危险的。"

"化学实验？"里波先生一头雾水，"你保证不会把我这个书店点着了吧？"

"您放心吧，不相信的话，现在我就演示给您看看？"法拉第一说到化学实验就一脸骄傲。

里波先生跟着法拉第来到了阁楼的"实验室"里，昨夜没来得及仔细查看，现在一看之下就惊得目瞪口呆。在小小的房间里，桌子上、窗台上、床底下、枕头边，到处摆放着大大小小的瓶瓶罐罐和各种捡来的矿物、金属材料。胖胖的里波先生在这个如旧货市场一般的狭小拥挤的空间里，都不敢轻举妄动，转个身怕都会碰倒法拉第那些宝贝物件。

随后，法拉第又把昨夜做的莱顿瓶发电实验演示了一遍，并给里波先生详细地讲解起来。里波先生并没有理解那些科学原理，也没有被电火花吸引，但是却看到了这个孩子双眼中闪烁的光芒。里波相信，这个孩子绝不是凭着一时的兴趣而胡闹，他目光中闪烁着专注和痴迷。"这是个不寻常的孩子。"走下楼梯时，里波先生喃喃自语道。随后，里波不但没有干涉法拉第做自己的实验，反而时不时地提供些便利的实验用具和材料来支持他。

两个讲座

基于里波先生和家人的无条件支持，法拉第在做好本职装订工作的同时，阅读更多的自然科学书籍，也把书中学到的实验大多数付诸了实践。此时，他完全通过自学掌握了不少电学和化学的基础知识，唯一不足的地方就是没有人可以交流。家人没有文化，里波先生也没法给他真正意义上的科学指导，所以他始终处于闭门造车的状态，想要在学习上再上一个台阶就很难了。仿佛冥冥之中的安排一样，有两位导师先后出现，让他的科学研究真正地登堂入室。

1810年某个午后，阳光和煦，19岁的法拉第腋下夹着一包书，匆匆走在舰队街上。这条街是伦敦著名的知识分子聚集的地区，街道两旁报馆、书店林立，橱窗上布满了花花绿绿的广告和海报。法拉第每次走在这条街上都会被那些宣传语吸引而驻足端详，而今天却无暇顾及，因为他要抓紧给一位尊贵的客人送书。如今的法拉第已经是店里的顶梁柱了，不仅手艺精湛，工作用心，而且谈吐不凡、一股书卷气，所以只要是重要客户的书，里波先生都要交给他修补、装订，并且由他亲自去送达。

法拉第快步穿过琳琅满目的街道时，一不留神脚下绊了一下，险些摔倒，腋下的书也掉了下来。在他急忙弯腰捡书时，无意间看到身旁一家橱窗里五颜六色的招贴最下面，在很不起眼的位置，贴着一张小小的广告。一张普通的白纸上不加修饰地写着几行字：

塔特姆先生

自然哲学讲座

收费1先令

地点：多西特街53号

日期：×日晚8点

"自然哲学讲座"这几个字像磁石一样把法拉第牢牢吸引住了。他不由自主地推门走进那家店里，询问店主后得知了一些讲座的情况。这里要特别说明一下，在当时的时代，自然哲学和自然科学二者并没区分开，自然科学还是处于被包含在自然哲学里的状态，因此当时统称"自然哲学"。这位约翰·塔特姆先生就是一位自然科学家，同时也是教育家，致力于自然科学的研究和推广。在当时的伦敦，顶尖的自然科学家和学者都聚集在皇家学会和皇家研究院这样的高级机构，属于英伦三岛乃至整个欧洲最高端的学术研究和交流场所。但是，当时并没有面向科学爱好者和年轻学子的组织，学术研究高高在上，是科学家和贵族人士的专利。基于此，塔特姆先生在1808年组建了"城市哲学会"，旨在向穷人和年轻人推广自然科学知识，初创时招收了40多名会员，并在自己家的客厅里举办讲座，讲授科学知识及提供大家交流的机会。

　　法拉第听完店主的介绍后，就开始魂不守舍了，脑子里都是"自然哲学讲座"这几个字。他太想参与这种活动了，想着能和同龄人一起听讲座，互相交流，该是多么畅快美妙的事啊！可转念一想"收费1先令"这几个字，再捏捏空荡荡的口袋，只得垂头丧气地离开了。送完书回到店里，里波先生问话他也没反应，里波太太叫他吃饭也听不见，兀自钻进小阁楼里，坐在那堆瓶瓶罐罐中间发呆。接下来几天里，他的脑子里都是这件事，干活的时候频频走神，做实验也打不起精神了，总在幻想着自己听讲座的情景。到了晚上也是辗转反侧不能入眠，脑海里那两句"自然哲学讲座"和"收费1先令"，就像天使和魔鬼在打架一样，反复纠结、挥之不散。

　　到了星期日，法拉第一回到家，还没忘讲座的事。他眉飞色舞地给两个姐妹讲起有个哲学会如何如何好，塔特姆先生如何如何厉害，会员们如何如何年轻有活力。大哥罗伯特看他们聊得热闹，凑过来问了一句：

　　"这么厉害，那位先生多大年纪啊？"

　　"哦，这个，"一句话把法拉第问住了，结结巴巴地说道，"我……我也不清楚。"

　　"你听了人家讲座，连多大岁数都不知道？"罗伯特笑了笑。

　　"我……其实没听过讲座。"法拉第脸红了，不好意思地说出真相，"太贵了，每次要1先令呢……"

　　"嗨，原来是因为这个啊。"罗伯特伸手掏出一小把硬币，哗啦一声，抛到法拉第眼前，"够不够？"

　　"不行不行，我不能再要你的钱。"法拉第看着那几枚1先令的硬币，坚决不肯收。

　　"拿着吧，迈克尔，"罗伯特命令道，"听完讲座，你才能给我们仔细讲啊！"

其实法拉第心里明白，哥哥虽然已经学徒期满，正式打铁挣钱，是家里的顶梁柱了，可父亲的医药费和一大家子的日常开销主要都靠他的血汗钱。自己还没能挣钱，却总要花哥哥的钱，实在于心不忍，况且哥哥明显不会对什么科学讲座感兴趣，也只是安慰之语。罗伯特放下钱就转身走开了，不善言辞的哥哥向来是无条件支持这个好学的弟弟。妈妈看在眼里也很欣慰，就劝说法拉第收下了哥哥的心意。

听讲座的日子终于来临了，法拉第出门之前罕见地对着镜子整理了一下仪表，还不忘和里波先生以及店里其他人都自豪地打个招呼"我去听讲座啦！"他早早地来到多西特街塔特姆先生家门口等着，兴奋地和同来听讲的年轻人们攀谈。开讲前5分钟，大家鱼贯而入。讲座地点就在塔特姆先生家的客厅，不算很大的空间里，挤满了人，从穿着打扮上不难看出，大都是和法拉第一样的贫苦年轻人。窗前一张小桌子上放着一些实验仪器和讲稿，听讲的人都坐在各式各样的椅子上，甚至有十多位没有地方坐，只能靠墙站着听讲。

塔特姆先生缓步走到讲台后，开始了简短的自我介绍。老先生50多岁年纪，头发蓬松、胡子很长，身着学者袍，目光炯炯，娓娓道来。原来塔特姆先生出身也很卑微，年轻时子承父业做过银匠，由于对科学的渴求自学成才，成为一名自然哲学家。他感叹于自己的求学经历之艰难，毕生致力于培养有志于科学探索的穷苦年轻人。听到先生如此的经历，法拉第感同身受，再看看周围的志趣相投的年轻人，他顿时充满了希望和信心。也许就是在这一刻，法拉第已经不知不觉地树立了投身科学研究事业的伟大志向。

塔特姆先生的讲座内容很基础，但覆盖范围很广泛，天文学、物理学、化学、数学等学科均有涉猎，还会演示很多实验，并在讲座结束时提出一些问题留给学生们去探讨和交流。这个讲座正对法拉第的胃口,几乎没有经历过正规学校教育的他,如饥似渴地听着丰富的演讲,同时还把课程内容、实验过程、疑问与结论仔细地一一记录下来。

讲座结束回到书店的阁楼后,法拉第意犹未尽。他一边整理着笔记,一边回忆着塔特姆先生绘声绘色的神态和听众们那满怀渴求知识的眼神,回味无穷啊。于是,他想到以前看过的著作中总有精美的插图,为书籍增色不少,为什么自己不把讲座的情形画出来呢?法拉第以前抄录书籍的时候,早练就了一笔好字,所以他的笔记都很工整、漂亮,偶尔画个实验示意图还可以,但想要画人像就没有一点基础了。这岂不是美中不足?法拉第不甘心。

"哈!怎么把他给忘了!"法拉第一拍脑门,猛然想到,自己的邻居就是个画家啊!原来,此时有一位名叫马克里埃的青年画家从法国流亡至此,正巧租住在里波的书店阁楼,由于他整天不怎么出门见人,法拉第差点把他给忘了。马克里埃一听这个书店的学徒要学画,满口答应,不过有一个交换条件,就是法拉第要给他收拾房间、擦皮鞋。法拉第也欣然应允,就这样跟着画家从最基础的静物素描开始学起了画画。这位画家有着艺术家典型的散漫和随性,有时出门会友的时候打扮得光鲜亮丽,尤其是那双皮鞋必须亮得光可鉴人才行,可房间里通常是乱得如垃圾场一般。法拉第既然有求于人,辛苦打理自是不在话下,只是有点受不了画家的臭脾气。马克里埃有时喝完酒回来就会因为皮鞋不亮或者由于法拉第忙于书店工作耽误了收拾房间而刁难、责骂。法拉第兄弟俩都是爱尔兰后裔,从小有着强烈的自尊心,可以付出劳动,但绝不能无缘无故受委屈。但是法拉第一想到学成之后,就能把讲座的精彩场景现于纸上,就隐忍下来了。不出几个月,聪慧的法拉第就能画出像模像样的简笔画了,他不计前嫌,还是由衷地感谢了这位让人头疼的画家。

从第一次听塔特姆先生的讲座开始，两年间，在哥哥的资助下，法拉第一共听了十几次演讲。这段时间，无比充实，无比美妙，他像海绵一样疯狂汲取着科学的养分，同时也结交了不少哲学会里志同道合的朋友。书店里的工作，街道上的奔忙，讲座里的学习，年轻人之间的交流，空闲里帮工和学画，夜里辛勤地抄写和描绘，不仅不会让这个年轻的学徒感觉辛苦，反而是莫大的幸福。

不过，在此期间，也有一件不幸的事发生。法拉第的父亲终于不堪病痛的折磨，黯然去世了。里波先生获悉后，马上安慰了法拉第，并且在之后的日子里，替代已故的詹姆斯扮演着慈父的角色，照顾他、支持他。法拉第从当报童那时开始就很敬重这位胖胖的店主，一直以来对自己的照料和培养都铭记在心。

他虽然身无分文，但为了回报老先生，他决定亲手制作一份特别的礼物。法拉第前后用了一个月时间，每天夜里秉烛达旦，鹅毛笔都废了好几支，把他听塔特姆讲座的笔记细心誊录，整理成册，配上插图，再用自己多年学就的手艺装订成一本精美的书。

一天早上，这本书送到了里波先生的面前。里波先生诧异地戴上老花镜，仔细端详起来。精美的小牛皮封面上写着《塔特姆自然哲学演讲录》，书皮挺括，书脊结实，页面平整干净，字体优美规矩，文笔清晰流畅，还配有惟妙惟肖的插图。里波先生一边翻看，一边嘴里不停念叨着"不得了！不得了！"老板的称赞不迭吸引了在书店里浏览的一位身材瘦高、学者模样的中年人，他好奇地凑过来问道：

"里波先生，什么书这么精彩？"

"哦，是丹斯先生啊。"店主抬起头答道，"快来看看！"

丹斯先生把书捧在手里，粗粗翻阅之下，也不禁啧啧称奇："确实很有意思啊，以前怎么没在你家看到过这本书呢？"

"哈哈，你当然没看过，"里波先生骄傲地拍拍法拉第的肩膀说道，"这是我小徒弟自己写的、亲手装订的，送给我的礼物，还热乎着呢！"

"哦？真是这个小伙子写的？"丹斯先生一脸惊异和赞许，盯着法拉第。

"当然了！对了，这是丹斯先生。"里波先生介绍道，"你们应该见过吧？"

"是的，先生。我经常给丹斯先生送书呢。"法拉第不好意思地转向丹斯，"让您见笑了。"

"这本书写得很出色，年轻人不简单啊！"丹斯上下打量着法拉第，以前只知道法拉第是个工作勤勉、礼貌得体的书店学徒，没料到还有写书的本事，随即说道，"这位塔特姆教授我也认识，学问很好，只是他的讲座内容有点浅显了。"

"是吗，先生？"法拉第挠挠头说道，"我觉得很精彩啊，塔特姆先生讲授化学、物理学、天文学、逻辑学，连修辞学都讲，我可是受益匪浅呢，还有更高深的讲座吗？"

"当然有了，"丹斯先生看看手里的精美书册，再看看眼前这个求知若渴的年轻人，不禁动了恻隐之心，"这样吧，我也送你一份礼物，让你开开眼界好了。"

说毕，丹斯先生从口袋里掏出几张纸条夹在那本书里，轻轻放回桌上，并不解释，飘然出门而去。法拉第好奇地展开书页，把纸条拿在手里念道："汉弗莱·戴维教授演讲入场券。"这个名字对法拉第来说真是如雷贯耳，平时在哲学会里的交流中，经常有人提到这位皇家研究院的著名教授，是当世化学领域的翘楚。法拉第简直不敢相信自己的眼睛，里波先生拍拍他的肩膀才缓过神来。

1812年2月29日，对法拉第来说是如梦似幻的日子。他穿着家里最

*
英国皇家研究院

体面的、平时去教堂才穿的一件外套和经过精心擦拭的旧皮鞋，站在艾伯马尔街那幢四层的灰白色建筑前，不停地跺着脚，也许是天气寒冷，也许是太过忐忑。建筑大门的石柱上镌刻着铭文：英国皇家研究院，这可是当时和皇家学会齐名的顶级学术机构。法拉第做梦也想不到能到这里听一次讲座，更不要说还是戴维教授的讲座！

时间临近，逐渐有一辆辆马车停在大门前，都是赶来听讲座的人们。法拉第借着昏暗的街灯观察到，这些听讲的人和哲学会那些穷小子相比迥然不同。他们都是头戴黑色礼帽，身穿黑色礼服、白色衬衣，举止极其优雅、高贵的绅士和学者，还有他们那些身着皮衣华服、梳着炫目发型或戴着造型夸张帽子的夫人们。法拉第不知道，在当时这种顶级的自然科学讲座被视为上流社会人士一种时尚、前卫的社交活动，并不是只有科学家或学生才感兴趣，就连那些完全不懂科学的贵妇人也热衷此道。

大门被打开了，两位穿制服的工作人员礼貌地躬身邀请与会人员进入会场。法拉第羞涩地跟着绅士、贵妇们走进了演讲大厅。这是个类似剧院的场所，头顶上吊着巨型的大吊灯，正面的一堵墙前面是一个不大的讲台，中间一张大桌子，围绕讲台是三面呈放射状的听众席。法拉第挑了一个正中靠上的位置坐下，四处张望着，这个大约容纳几百人的阶梯状的听众座席坡度很陡，即使坐在最后一排也感觉和讲台离得很近，演讲人的一举一动都能看得真真切切。法拉第兴奋地在膝盖上摊开笔记本，甚至能感觉到自己的心脏剧烈地怦怦跳动。

在听众们三三两两交头接耳的时候，一位 30 出头的学者步态轻盈地走上讲台。他一头棕色短发，胡须刮得干干净净，穿着精致的礼服和紧身马裤，戴着白色丝绸领巾，面庞英俊，举止潇洒，哪里像一个科学家，简直就是个艺术家的模样。只见他靠在桌子的一角，双脚交叉，做了个噤声的手势，以富有感染力的嗓音说道："女士们、先生们，欢迎来到皇家研究院。我是汉弗莱·戴维。在今天的讲座开始之前,我想先变一个小魔术。"他微笑着眨了眨眼,接着说道,"不过,我还差一个小道具,不知道哪位女士愿意把手上的钻石戒指借我一用?"

拼命去取得成功，
但不要期望一定会成功。

———

迈克尔·法拉第

第四章 1813 科学之门

1813年3月某夜

伦敦

　　法拉第忙完一天的工作，已近深夜，疲惫地回到家里。除了妈妈等着他，家里人都已经就寝了。妈妈准备好晚饭，叮嘱几句，也去睡了。法拉第独自啃完干面包，收拾盘子的时候才发现下面压着一封信。读完信后，法拉第仍有点不敢相信，揉揉眼睛，又反复读了好几遍。他突然把信举起来，想大喊一声，但马上意识到家人都睡熟了，赶紧捂住嘴巴。他兴奋地挥舞着那封信，冲出房门，在昏暗寂静的街道上，肆无忌惮地大声呼喊着，漫无目的地奔跑着、蹦跳着……

邂逅名师

法拉第一脸惊愕地看着讲台，完全搞不懂戴维教授在做什么，不是自然哲学的演讲吗？只见一位年轻贵妇大胆地跑到讲台前，摘下一枚钻石戒指，递到教授手里。戴维教授绅士地说了一句"非常感谢，夫人"，然后把戒指举起来，煞有介事地端详一番，做出很赞赏的样子。接着，他转过身去背对着观众，举起一个小锤子，做出夸张的敲打动作。然后，教授一转身，拇指和食指捏住一小块钻石，展示给观众看。"哇！"听众席马上一片惊呼声。接下来，戴维用一把镊子夹住那颗钻石，又在火焰上加热。"哇！"又是一片惊呼声。最后，他把加热过的钻石丢进一个装着液体的玻璃杯里。只见杯里的液体瞬间开始沸腾、冒烟，随后渐渐平静下来，而那颗钻石消失得无影无踪！"哇！哇！哇！"听众席沸腾了，发出一连串惊呼，提供戒指的那位夫人震惊得用双手捂住了嘴。戴维教授不慌不忙，邀请那位女士上台，连声表示歉意，突然如魔术师一样，从口袋里掏出那枚戒指重新戴在女士的手上。戒指完好无损！

全场观众先是惊愕，紧接着爆发出热烈的掌声，随后是交头接耳，大家都不明白这到底是怎么一回事。原来，这是戴维教授使用了一个演讲前的暖场小把戏。但这不是魔术，而是货真价实的化学实验。此前，戴维在化学实验中就通过加热金刚石后放入液氧中生成二氧化碳气体，从而确定了金刚石的基本化学成分就是碳元素。所以他就设计了这个添加"调包计"桥段的小实验，在演讲之前，活跃一下现场气氛。通过戴维的解说，观众们再次爆发出更热烈的掌声和笑声。然后，教授才开始今晚的正式演讲。

法拉第被这闻所未闻的场景惊得目瞪口呆，身子微微前探，一动不动地盯着讲台上精彩的表演。直到教授的演讲进行过半时，才反应过来自己忘了记笔记。戴维教授讲解了两三个简单的化学实验，随后又阐述了两个最新的科学研究发现，并介绍了学术圈近期的研究方向和成果。他不仅在学术研究上具有前沿的地位，还致力于在这种讲座上推广普及自然科学知识。他的演讲，内容由浅入深、涉猎广泛，能满足不同水平听众的要求。而且他口才卓越，气质优雅，台风潇洒幽默，他设计的那些实验，善于制造声、光、电的具有冲击力的视觉和听觉效果，是当时伦敦学术圈里最受欢迎的讲座。两个小时的演讲不知不觉就结束了，听众们意犹未尽，走出大门时仍在津津乐道。

法拉第走在回家的路上，已近深夜，四下寂静，内心却汹涌澎湃。脑海中盘旋的方才那些绝妙的场景，如梦似幻，几乎忘记了回家的方向；戴维教授那潇洒自如、睿智幽默的风采，仍在眼前，甚至盖过了星月的光芒。在伦敦的深夜里，法拉第在心里默默发誓："我要成为戴维教授那样的人！"

汉弗莱·戴维，1778年生于英格兰西南边陲康沃尔郡彭赞斯的乡村。他出身于底层人家，父亲是一名木雕匠人。戴维从6岁上小学开始，就表现出过人的聪颖和特殊的气质，有着惊人的记忆力和丰富的表现力，善于背诵诗歌、讲述故事。小学毕业后，父亲送他到城里读书。他喜欢阅读哲学、文学著作，并且开始写诗。16岁那年，父亲去世，戴维为了谋生，到一家药房当上了学徒。在这期间，他学习了配制各种药剂的方法，引发了他对化学实验的兴趣，经常在自己的小阁楼里操作。由于在药房的环境所知有限，并不能解答他越来越多的疑问，于是戴维开始自学。在他给自己列出的学习计划里，除了化学、物理学等自然科学，还广泛包括了语言、哲学、逻辑学等科目，仅仅语言一类，就包括英文、法文、拉丁文、希腊文、意大利文、西班牙文和希伯来文。这期间的勤奋自学无疑为他将来的学术研究打下了坚实的基础。随后，他有幸结识了著名的改良蒸汽机的詹姆斯·瓦特之子格雷果里·瓦特，并受到了格雷果里的悉心点拨，学识大

*
汉弗莱·戴维（1778～1829）

*

这幅幽默画反映了戴维为公众展示"笑气"的场景，现场非常热闹，不乏当时的名流。

第四章　1813　科学之门　**055**

有长进。

1798年,由于格雷果里的赏识,戴维被推荐到布里斯托尔一家气体研究所当管理员。那里有先进的实验设备,使得戴维有机会大显身手。他设计并操作了大量的物理、化学实验,在很多方面做出了大胆的探索。其中最著名的一次实验,是他在制备科学家普利斯特里发现的一氧化二氮气体时,亲身尝试吸入后,发觉心跳加速、浑身颤抖,并且伴随着不自觉的"咯咯"发笑,身体有轻微的麻痹感,连折磨他好几天的牙痛都消失了。随后,他又邀请了几个朋友尝试那种奇妙的体验。这就是后来在医学上一度被用作麻醉剂的"笑气"。

"笑气"的实验使戴维名声大振,引起了皇家研究院的注意。皇家研究院创办于1799年,创始人伦博德伯爵致力于推广普及自然科学教育和促进新发明与新技术在工业上的应用。1801年,戴维受邀到皇家研究院担任化学讲师和实验室主任。鉴于他丰富的知识储备和出色的实验能力,入职六周后即被提升为副教授,第二年又提升至教授。在研究院举办的科学演讲上,他更是展现了超凡的业务能力、口才和风度,迅速在学术圈声名鹊起,成为伦敦的知名人士,跻身上流社会圈。1803年,被另一所历史更悠久、更权威的科学机构英国皇家学会选为会员。1807年,他荣任皇家学会秘书。由于伦博德伯爵移居巴黎,他也顺理成章地成为皇家研究院的灵魂人物。此时,仅仅三十出头的戴维已是横跨两所顶级科研机构,叱咤伦敦学术圈的巨擘。

戴维的这份履历,可以用志得意满、名利双收来形容了,对于致力投身于科学事业的年轻人们,无疑是熠熠生辉的偶像。同样出身卑微的法拉第更是受到了莫大的鼓舞。在随后的两个月里,法拉第又听了三次戴维的讲座,每次都是异彩纷呈,以至于他回到书店后都会用很长的时间整理笔记,复制实验内容,回味演讲现场的美妙时刻。

在 4 月的最后一次演讲里，戴维教授在完成了精彩演讲后，满含深情地发表了一番告别演说。原来就在前不久，戴维已经被王室册封为爵士，这是和已故的英国伟大科学家牛顿爵士比肩的荣誉。另外，他出版了自己的著作《化学哲学原理》。还有一件喜事，几天后，他将举办自己的婚礼，然后携新婚妻子赴苏格兰度蜜月。所以，他决定今后不再担任皇家研究院通俗化学讲座的讲师，专注个人的科学研究工作。在听众们充满祝福和不舍的经久不息的掌声里，戴维教授挥手作别，留下了在听众席黯然呆坐的青年法拉第。

初次碰壁

幸福来得意外，去得突然。在法拉第沉浸在精彩的知识海洋里遨游时，讲座戛然而止。在书店的工作之余，法拉第唯一的消遣就是翻阅戴维讲座的笔记。戴维的经历和取得的辉煌成就时刻激励着法拉第。他最受鼓舞的并不是戴维名利双收、抱得美人归，而是教授站在讲台上的潇洒风采。那般挚爱，那般从容，在自己热爱的科学事业里全情投入的感觉，简直无与伦比。法拉第梦想着自己哪一天能像戴维一样，在皇家研究院的实验室里挥洒自如，在讲台上尽情展示自己的科学研究成果。可是，梦中的理想都很美妙，现实的前途却如伦敦城的浓雾一般混沌不清。

这一年，法拉第即将学徒期满，不出意外就会成为一名订书匠。里波先生形同慈父，在他店里继续工作也算是报答恩情；妈妈和哥哥为这个家辛苦打拼多年，也是时候为他们分担一份责任了。这么看来，订书匠是顺理成章的不二之选。可是，科学之梦，魂牵梦绕，难以割舍。

没想到，里波先生在法拉第学徒期满后，为了帮助一位流亡至此的法国老乡在伦敦开书店，把法拉第推荐过去了。辞别里波先生那天，法拉第有点哽咽。胖胖的老东家，站在书店门廊下的夕阳里挥手作别，像送别离家的游子一样。

可刚到新东家的法拉第后悔不迭。这个老板和里波先生迥然不同，不仅工作上要求严苛，而且脾气极其暴躁。由于店里人手少，法拉第一个人当三个人用，从早忙到晚，还不时被责骂。法拉第进入了一段低谷期，虽然不曾和家人与里波先生提起过，可是自己心里极其苦恼。一来辛勤的劳动没有换来应有的尊重，二来繁重的工作压得他喘不过气来，根本没有时间和精力从事他最爱的科学钻研和实验。在此期间，他只能和城市哲学会的朋友们抱怨时间不够用，比起在戴维演讲上遇到的那些有钱有闲的、把科学当娱乐的绅士、贵妇们，何其不公平。在给朋友的信中，他写道：

> 我所需要的就是时间，先生，为了时间我会以最大的热情去呐喊。噢，我愿意廉价地从我们当代的绅士们那里，论小时，不，论天购买他们闲暇的时间。我想，这对于双方来讲都是一桩好买卖。

在书店每过一天，法拉第都觉得又远离了梦想一小步，又增添一分浪费生命的懊悔。最终，在哲学会朋友的鼓励下，他决定毛遂自荐，好歹要尝试一下，不留遗憾。法拉第本意是要拜访偶像戴维教授，可是戴维度蜜月未归。于是，法拉第通过多方打探，打算硬着头皮直接去找皇家研究院院长——约瑟夫·班克斯爵士。

法拉第站在艾伯马尔街那幢四层建筑的大门前，怀里揣着那封饱含深情的自荐信，倾诉了一个订书匠的渴望和梦想。可那堵灰白色的石墙和沉默的大门，就横亘在他和梦想之间，如此难以翻越。终于他鼓起勇气，叩响了门房的小窗。看门人只瞥了年轻人一眼，收下信，从头至尾连一个字都没说。

接下来的几天，法拉第就守在书店门口做活计，时不时就抬头看看，生怕错过邮差或仆人模样的人。年轻人度日如年，推荐信却如石沉大海。

一周过去了,法拉第实在坐不住了。他再一次叩响了学院门房的小窗,忐忑地询问道:"您好先生,上周我来投过一封信……"值班人冷冷地看了他一眼,不等他说完,回头在桌子上翻找了一会儿,扔出来一封信,随手关上了窗户,仍旧一句话也没有。法拉第看着手里正是那封自荐信,上面一行大字:"无须回复,退。"

法拉第呆立在原地半晌。难道这堵墙真的难以跨越,门里的世界终究不属于自己?那一刻,研究院的石墙,伦敦的天,法拉第的心情,统统都是灰色的。法拉第默默走回书店,苦笑着对自己说:"也许你就是订书匠的命。"

过了些日子,法拉第偶然来到里波先生的店里叙旧。看着没精打采的法拉第,里波先生似乎猜到了原因,于是安慰道:

"迈克尔,别垂头丧气的,德拉罗舍虽然脾气暴了点,可是人心不坏啊。"

"哦,不是,不是因为这个。"法拉第怕老东家误会,吞吞吐吐地讲出了自荐遭冷遇的情形。

"嗨,原来是这样啊。"胖店主笑笑说道,"你那么崇拜戴维教授,怎么不直接去找他呢?"

"戴维教授出去度蜜月了,所以我才……"法拉第停下来,叹了口气。

"我听丹斯先生说,戴维教授已经回来了啊!"里波先生说道。

"真的吗?"法拉第眼睛一亮,可随之想到上次的遭遇,又泄了气,"恐怕也是一样的结果。"

"迈克尔,你平时挺机灵的,就不会想想别的办法,"里波先生眨眨眼说道,"比如,送个礼物?"

"哎呀,里波先生,您可别打趣我了。"法拉第心想自己那几个钱够买什么好东西。

"傻孩子，你以前不是送过我很棒的礼物吗？"说着，里波先生向身后的书架努了努嘴。

法拉第顺着里波的示意看过去，书架上中间那层正摆着当初自己编纂、装订，送给里波先生的那本《塔特姆自然哲学演讲录》！法拉第愣了几秒钟，突然茅塞顿开，转身就跑，临出门时喊了一句："谢谢您，里波先生！"老东家会心一笑。

好事多磨

法拉第经过里波先生的点拨，一回到店里，马上开始整理、誊录、装订、制作戴维的演讲录。他就像一架上足了弦的发条，开始了争分夺秒的工作。那几天，他常常是通宵达旦，废寝忘食，手上的活儿不停，嘴上还不停地念叨着"快点、再快点"。

话分两头。戴维在结束了演讲后，举办了盛大的结婚典礼，随后偕同新婚妻子简·戴维以及仆从踏上了苏格兰蜜月之旅。戴维的妻子出生在苏格兰，所以这次旅行既要游山玩水，又要走亲访友，当然，还有科学研究。没错，即便是度蜜月，戴维也带上了一大箱化学仪器，在闲暇时间坚持做科学研究。

正在苏格兰乡间悠闲度假的戴维，收到了一封老朋友、法国物理学家安培的来信。信中告知他发现了一种新的氮和氯的化合物，但是操作不当，发生了大爆炸，甚至炸掉了另一位科学家朋友的一只眼球和一根手指！戴维一看之下，大惊失色，同时兴趣大增，他也想马上操作一下这个新鲜的实验。但是毕竟所带的仪器太有限了，操作不了如此复杂危险的实验。在和妻子商量并获得谅解之后，戴维只身返回伦敦的皇家研究院。

可是，在戴维兴冲冲地操作同样的实验时，也发生了小型的爆炸事故，好在没有伤到要害。医生诊断后叮嘱伤愈之前千万不要再进实验室了，所以他只得卧床休息。就在无所事事的一天，助手送来一摞信件。戴维头上、手上还缠着绷带，看东西不方便，所以本不打算读信。可他一瞥之下，发现信件的最下面是一本厚厚的大部头书，书籍上一排大字：《汉·戴维爵士演讲录》。

戴维"咦"了一声，心下纳闷：我从没出版过自己的演讲录啊！他随手拨开上面的信件，只见这是一本做工极其精致的书，封面上写的是：

四次演讲

化学哲学

纲要讲座部分记录

汉·戴维爵士

法学博士 皇家学会秘书

于皇家研究院

迈·法拉第记录整理

1812 年

戴维好奇心顿起，顾不上疼痛，一页页地翻看起来。仔细浏览后，戴维震惊了。原因有四：一、该书内容极其翔实，把他在皇家研究院的最后四次演讲分毫不差地如实记录下来，每一个理论、每一次实验，甚至夸张到每一个步骤细节都准确地呈现出来。二、在如实记录的基础上还添加了很多学术上的解释说明和当时学术圈的相关争论，以及由主题延伸开的更多可能性探讨。以至于戴维实际上一共几个小时的演讲内容，变成了这本386 页的长篇大著。三、整本书的装帧极其华美、专业，从封皮、书脊到纸张都能看出是出自行家之手。再看看页面上那些一笔笔手写的娟秀、工整的字体，简直和印刷体没有分别。四、更让人惊艳的是，在每个实验的介绍页面上，都附有精美的手绘插图。戴维的潇洒样貌，讲台上的优雅体态，讲解时专注的眼神，和听众幽默的互动情景，甚至是化学反应制造的烟雾效果，无不活灵活现、惟妙惟肖。

戴维瞬间惊叹于这部书籍制作之精美，编者对科学理论领悟之专业，观察和表现力之非凡，而让他印象最深的是字里行间透露出作者对科学的挚爱之情。他缓缓合上书页，眼神落在封面最下面的一行字，喃喃说道："这个迈·法拉第何许人也？"

随后，戴维翻找一番，找到了法拉第的求职信。读罢来信，戴维陷入了沉思：这是一个有志于投身科学事业的年轻人，他有着和自己类似的出身和学徒经历，有着同样对科学的渴求，还有和自己一样聪颖，甚至有着超过自己的严谨和踏实。他只缺一个机会！

戴维心生恻隐，毫不犹豫地写了一封回信，信中对法拉第的大作赞赏有加，并表示由于自己最近要外出，计划下个月底回伦敦时择机见面。

1月底的一天，阴冷的伦敦罕见地照耀着暖阳，法拉第再一次走进了皇家研究院的大门。在戴维的助手佩恩先生的引领下，两人终于会面了。在会客室的大落地窗前落座，戴维先打量了一下眼前这个年轻人，看他略显局促，就微笑着开口说道：

"小伙子，我要先声明一下，我们的谈话可能随时被打断，最近实验室经常发生爆炸事故。"接着他用手比画了一下，"不过别担心，这里比较安全。"

幽默的开场白，一下子缓解了法拉第的紧张情绪，戴维教授还是和讲台上一样风趣随和。

"你送的书我仔细看过了，非常精彩。"戴维说道，"很明显，我讲的内容你都听懂了。那么，你是在哪里学的化学？"

"哦，先生，我都是自学的。"法拉第不好意思地说道，"我在书店当学徒的时候，看过一些书，还听过塔特姆先生的不少讲座，另外，我还有个小实验室。当然，那十分简陋。"

"是吗？不错不错。"戴维频频点头，"那么，法拉第先生，我能怎么帮你呢？"戴维顿了顿，接着说，"要不我把学会和研究院的书籍装订业务都交给你吧！"

"不不不，先生，您误会了，"法拉第赶忙摇头道，"我对装订工作没有兴趣，也不是找您兜揽业务的，我想……我想到皇家研究院工作，干什么都行！"

"干什么都行？"戴维站起身，望着窗外。其实，此前他曾为了这事咨询过研究院负责的理事佩皮斯先生，得到的答复是没有空余的职位。佩皮斯还调侃地说"让那个年轻人来刷瓶子吧，如果他答应，就说明有点见识"。戴维不以为然，他深知法拉第绝不是池中之物，不能这么委屈。他想了想，坐回椅子上，继续问道：

"这么说，你真的打算投身科学事业咯？"

"没错。"法拉第笃定地点点头。

"年轻人，你要知道，"戴维盯着法拉第的双眼，笑道，"科学就像个刻薄的女人，对于为她献身的人，回报往往少得可怜。有时候，不仅吝啬，还很凶残呢！"说着，他拨开头发、卷起袖子，"你看看，这就是我为她效劳十几年得到的奖赏。"

法拉第欣赏着戴维展示的累累伤痕，微微一笑道："这个我不在乎。"

"可是，"戴维又说道，"我们这里的工资也许还没有你们订书匠挣得多呢！"

"钱，我更不在乎了。"法拉第说道，"从小在教会里我就知道，挣钱是必要的，但只想着挣钱是自私自利的。投身科学事业才是至高无上的。"

戴维看到法拉第决绝的样子，相信此言不虚，思量了一会儿说道："可是现在研究院确实没有合适的职位给你。这样吧，你先回去，等有了空缺，我第一时间通知你。"

简短的会面后,法拉第并没有任何失落和沮丧,反而因为能与自己的偶像面对面地交谈而开心不已。他为了自己的梦想付出了足够精心的努力,也对戴维教授讲出了自己的真心话,已经倍感欣慰,无须懊悔。

几周后,机遇终于青睐了有准备、有梦想的人。戴维教授的助理佩恩先生脾气古怪、暴躁,在一次实验中和同事发生了口角,继而演变成打斗事件。戴维教授当场解雇了佩恩,随后马上想到了那位年轻的订书匠。

戴维教授的入职通知函送到法拉第家,一直到夜里,法拉第才看到那封信。信中通知法拉第获得皇家研究院实验室助理的职位,周薪25先令,并可以享用研究院顶楼两间住房。法拉第兴奋地跑到街上狂奔,那是他一生中最幸福的时刻之一。

第二天,法拉第就跑到书店辞职。尽管德拉罗舍先生一反常态地挽留他,甚至以自己无儿无女为由,要将书店相托,也没能丝毫说服法拉第。此时就算是黄金万两、高官显爵也不能动摇他投身科学事业的意志,因为那才是他的梦想。

1813年3月初,法拉第正式入职皇家研究院,追随戴维教授。他的日常工作就是为戴维教授准备实验器材和物料,记录并协助实验过程,实验后整理、清洗器材以及编写实验笔记。他很快就展示出了在科学研究上的专注、严谨和聪慧,并得到戴维教授以及研究院其他同仁的交口称赞,连当初调侃过的理事佩皮斯先生也开玩笑说"这个年轻人刷瓶子确实刷得挺干净"。每天的工作结束后,法拉第看着自己收拾好的实验室,闻着屋子里特有的化学试剂和清洁剂混合的味道,心生愉悦,梦想成真的感觉实在妙不可言。晚上回到顶楼的住处,他还要继续阅读科学著作,生怕浪费每一分钟,辜负了这大好青春。

转眼几个月过去了,在一天实验结束后,法拉第正在忙着收拾器材。

戴维教授已经换好衣服走了进来,和法拉第告别。当他走到门口后,停了下来,转过头来问道:

"迈克尔,想不想和我去旅行?"

"旅行?"法拉第抬起头来,随口答道,"当然想了!非常乐意!"

"呵呵,你也不问问是去哪里?"戴维笑着说道。

"和先生一起旅行就是长见识,去哪儿都无所谓!"法拉第憨直地笑了,"那么,您要去哪里呢?"

"欧洲大陆!"

我知道，

在很多女性心中我什么都不是，

这不重要，

我只需要不断前进就够了。

她们有她们的眼光，

我有我的理想，

不会因为讨好谁，

而改变前进的方向。

———

迈克尔·法拉第

第五章　1814　欧陆之旅

1814 年 11 月某日

日内瓦

深秋的日内瓦，湖光山色，风景宜人，一行人走在打猎归来的路上。走在最前面的是东道主德·拉·里夫教授和访客戴维爵士，两人相谈甚欢。法拉第背着猎枪和收获的猎物，与几个随从一起跟在后面。回到庄园，女主人早已准备好丰盛的酒宴款待远道而来的友人。德·拉·里夫教授看到戴维夫人早已就座，就赶忙把戴维让到首位落座，接着招呼法拉第放下东西过来入席。法拉第犹豫了一下还没答话，只听戴维夫人对主人笑着说道："先生，您可能搞错了，他是我们的跟班，让他和仆人们去吃吧。"德·拉·里夫一脸惊诧，不敢置信，这个谈吐得体、见解非凡的年轻人会是仆役？他目光转向戴维，戴维看了看夫人，无可奈何地摊了摊手，不置可否。德·拉·里夫虽然不明就里，但是通过这两天的接触他明白，法拉第的才学绝不可能只是个仆人。于是，他坚持以自己的名义邀请法拉第就座共餐。戴维夫人的娇小姐脾气也上来了，起身就要离席。戴维也尴尬不已，无所适从。法拉第无奈地冲着男主人笑笑说："谢谢您的美意，我现在还不饿，告辞。"随即转身离开了。德·拉·里夫看在戴维的面子上也不好发作，只得吩咐仆人送一份晚餐到法拉第的房间去。

壮游法兰西

1813年10月底的一天，横渡英吉利海峡的一艘大船上，戴维夫妇在甲板上惬意地坐在躺椅上闲谈，女仆侍立一旁，法拉第靠在船舷的栏杆上，看着风平浪静的海面出神。此时，他的心情可一点也不平静。两周前，他应戴维教授之邀，从伦敦出发，踏上了欧洲大陆的游学之旅。对于一个从没出过远门的"伦敦佬"，一个刚刚踏进科学之门的年轻人，能游历欧洲各个国家和城市，还能和当世科学界的精英才俊交流，简直是做梦都想不到的美事。从离开伦敦城那一刻，每一天都是崭新的。于是，法拉第开始坚持写日记，要把所见所闻、所思所想都记录下来。他曾写道：

> 今早开启了我生活的新纪元。在我的记忆里，我还不曾离开伦敦20公里以上……在当下的时刻，到一个敌对国家去，真是奇怪的冒险。

的确如他所说，这次游学是相当危险的。就在他们踏上旅程的同时，法国皇帝拿破仑率领军队在莱比锡和英国、俄国、普鲁士、奥地利组成的反法同盟军激战正酣。法国境内的英国侨民纷纷逃回国内，要不是法国政府对科学家有特殊待遇，恐怕戴维一行连海关都过不了。

除了前途凶险，还有一个让法拉第稍显苦恼的问题。就在离开伦敦的前一天，戴维的男仆突然因家里出事没法随行。时间紧迫，戴维只好和法拉第商量，让他暂时充当仆役，等到了法国，另寻人选替换。法拉第对戴维视同偶像和导师，为报知遇之恩，痛快地满口应允。万万没想到，当戴维、法拉第、戴维夫人及其贴身女仆，一行四人出发那一天开始，法拉第就烦恼缠身。

戴维夫人生于苏格兰一个商人之家，父亲在西印度群岛经营甘蔗园和贩卖奴隶，家业颇丰。她从小娇生惯养，容貌艳丽，黑眼睛、黑头发，人称"黑美人"。她的第一任丈夫是一位贵族爵士之子，可惜婚后不久就去世了。她家境富裕，衣食无忧，热衷于进入上流圈子，是苏格兰爱丁堡社交界的红人。机缘巧合之下，年轻、貌美、时尚的遗孀，遇到了新晋封爵、学术圈炙手可热、风雅潇洒的青年才俊，两人一拍即合。

这位夫人对科学一点兴趣都没有，对游山玩水也不热衷，随行游历欧洲大陆的目的就是结交贵族朋友，顺便展示自己的珠宝首饰和丽妆华服。她一身骄娇二气，对生活质量要求极高，对仆人颐指气使。出发后的一路上，一行人晓行夜宿，戴维夫人不仅对自己的女仆呼来喝去，也把法拉第当成奴仆一样支使得团团转。一会儿指责他笨手笨脚，一会儿嫌弃他发音难听，甚至在吃饭时从不让法拉第同席，而是安排他和仆人、车夫在一起用餐。法拉第从小到大还没受过这样的屈辱，自尊心被严重伤害了。可是他不愿戴维教授为难，再一想，到了法国找个新仆人就能解脱，也就隐忍下来。

轮船靠港，法拉第第一次踏上了法兰西的土地。尽管有法皇拿破仑特批的签证，一行人还是受到了反复地严格盘查，看来战争形势仍然不乐观。他们雇了一辆马车，法拉第安置好大包小包的行李，把其中最大的一个箱子吃力地搬到车顶上仔细捆扎好——那里装着戴维教授的宝贝实验器材，然后跳到车夫的身旁。马车驶向巴黎。

一路上，法拉第欣喜非常，所见所闻的一切都是那么陌生而新奇，所有的烦恼和忧虑都抛在脑后了。他一边欣赏一边记录着：法国人优雅、浪漫的语调如林中莺啼；车夫奇怪的过膝长靴，农妇们漂亮的民族衣裙；农庄里的猪跑得像猎狗一样快；田野上散落的风车和磨坊；夜晚车道两旁的草丛里若隐若现的"会发光的小虫子"。那些美景和风俗，以及从没见过的萤火虫，都深深印刻在法拉第的心里。

10月29日抵达巴黎后，戴维夫妇旋即忙于当地贵族朋友安排的各种应酬活动。法拉第得以忙里偷闲，游览这座世界名城。他参观美术馆，逛集市，流连在广场、剧院和咖啡馆，发现巴黎和伦敦一样都有一条大河穿城而过，但两座城市的气质迥然不同。伦敦城充斥着工业革命的喧嚣和狂躁，但同时生机勃勃；巴黎则更像是艺术时尚之都，弥漫着悠闲、浪漫、文艺的气息，可也显得怠惰和散漫。健谈的侍者，狡诈的摊贩，多才多艺的街头艺术家，友善的当地居民，法国人也是千姿百态，让人印象深刻。走在卢浮宫的大厅里，法拉第写下这样的文字记录：

> 法兰西的光荣与耻辱。它珍藏的艺术品举世无双，令人赞叹。可是想到这些艺术品如何来到这里，看到它们不过是暴力掠夺所得，法兰西应为她的子民感到羞辱，如此行径使他们成为窃贼民族，可是他们反以为荣。

而还有一件奇遇记录在法拉第日记里，在一个阴郁的日子，他在图伊勒里宫门前，目睹了拿破仑的御驾：

> 他坐在车子的一角，一件硕大的貂皮袍子盖在身上，叫人几乎看不见他。从一顶天鹅绒帽子上垂下许多长长的羽毛，挡在他的脸前。虽然距离太远，看不清他的容貌，但是能看出他的面孔黑黑的，还有点发胖。

想起少年时和里波先生关于拿破仑到底是天才还是疯子的对话，法拉第哑然失笑。

紫色晶体

戴维教授忙于上流社会应酬的同时，巴黎的学术圈也知道了这位英国著名化学家莅临的消息，于是纷纷前来拜访，其中必然少不了戴维的老相识——化学家、物理学家安培教授。

11 月 23 日，安培教授偕同两位法国化学家造访，同时他们带来了一种紫色的晶体，向戴维教授求教。

　　这种紫色晶体来头不小。当时的法国连年征战，急需用于制造火药的硝酸钾，而此前都是取自印度，且储量有限。1811 年，法国的药剂师库尔图瓦试图利用前人的方法制备硝酸钾。在一次实验中，一只猫从他的肩头跳到桌子上，碰倒了盛着试剂的玻璃瓶，导致了海藻灰酒精溶液和硫酸混合起来，释放出一股紫色的气体。这个气体冷凝后并不是液体，而是形成一种黑紫色的、有金属光泽的漂亮晶体。库尔图瓦不是科学家，不能鉴定这种晶体的成分，于是求助于法国化学家盖－吕萨克等人。盖－吕萨克一时也没能确定这个神秘晶体的成分，就找来安培等人共同研究。安培一听说老朋友戴维来到巴黎，立刻就拿着这个紫色晶体来拜访。

　　戴维一下子就被吸引住了，随即就铺开实验设备，在法拉第的协助下开始研究工作。在研究中发现，无论是有着高贵色泽的美丽晶体，还是转换为具有魔幻气质的紫色烟雾，虽然有着类似氯气的化学性质，但其中并不含有氯元素，通过电解方法也不能再分离成其他物质。所以，戴维得出了结论，这是一种未被发现命名的新的单质，新的化学元素。

　　戴维马上把实验结果写成论文，并在巴黎科学院宣读，同时致函英国皇家学会，汇报了这一新发现。欧洲的科学界轰动了，又一个新元素被人类发现了！法国的科学家们却五味杂陈。明明是法国人做出了 99% 的努力，却被一个"串门"来的英国人抢得了头彩。不少人开始埋怨安培，不应该将自家宝藏拱手让人。安培却安之若素，对同行的非议不以为意，他大度地表示，科学发现是属于全人类的。另一位化学家盖－吕萨克几乎同时发现了这种新元素，只可惜慢了一步，与伟大发现的荣耀失之交臂。但值得欣慰的是，后世采用了他为这种新元素的命名，也就是"碘"（iode，希腊文紫色之意）和元素符号"I"。

　　法拉第全程参与了戴维的研究发现过程，他第一次体会了科学研究的美妙魅力，获得伟大发现的巨大成就感。同时，也为安培教授的学术气度深深折服，并视其为榜样，这也影响了后来他在学术研究上的态度。

火山！火山！

离开巴黎的时候，法拉第心情大好，甚至忘记了那个小困扰。由于战争的影响，英国侨民纷纷逃离，想在巴黎雇佣一个会说英语的仆人，难上加难。于是，法拉第只得忍气吞声，继续充当"一仆二主"的角色。马车一路南行，途经风景圣地枫丹白露。一行人穿行其间，虽然已是冬天，这里却并无萧瑟之感。错落有致的宫殿隐藏在层层叠叠的密林之间，华美而神秘。戴维教授借景生情，用美妙的诗句来赞颂这人间仙境。法拉第深受感染，此时还不会写诗，但也写下了很多朴素的散文笔记。

他们带着诗情画意一路南下，途经里昂到达蒙彼利埃，然后向东经过尼斯，翻越宏伟的阿尔卑斯山，历经前后近3个月的跋涉，抵达了下一站目的地——意大利。

1814年2月，在都灵稍作停留，一行人前往地中海边的城市热那亚。这里的景致和法国内陆又有不同，荡漾着海滨城市的热烈气息。戴维和法拉第一到住处，就兴冲冲地拿着一些捕鱼工具出门了。戴维夫人则不以为然，和女仆抱怨着"这么冷的天还要打鱼吗？"

殊不知，这师生二人可不是为了游玩。此前他们听说，这里的一片水域有一种叫电鳗的鱼，可以发出强电流，麻痹鱼虾，甚至击晕如牛马一样大的动物。他们很好奇，这种生物电是否如"伏打电池"的发电效果一样呢？

在当地渔民的引领下，他俩挽起裤腿，开始抓鱼。很快，他们就抓到一条黑乎乎、光溜溜、长约1米的电鳗。两人欣喜地在鱼身上贴上金属片，通过导线连接到一个装水的小容器里，看看能不能发生电解水的反应。可是，不管法拉第怎么摆弄、拨打电鳗，始终没有发生任何反应。"是不是这条太小了，发电量不够啊？"戴维教授搔着头道。"我再去抓！"法拉第自告奋勇再次下水。果真，他又抓到了一条更长更大的电鳗。结果反复操作，还是一无所获。法拉第一点不气馁，继续搜寻。不一会儿，只见他举着一条半米长的鱼回到岸上。渔民告诉他们，这种鱼不是电鳗，叫电鳐。"哦，这条太小了，恐怕不能……"法拉第还没说完，就大叫一声，把手里的鱼一下丢了出去。原来这条电鳐突然释放了电流，打了法拉第个措手不及。两人愣了一下，紧接着哈哈大笑起来。虽然这次实验没什么结果，但是作为欧陆之旅的一大趣事，法拉第记录下来，日后屡屡被师生二人引为笑谈。

离开热那亚，他们一路沿着地中海岸向南，来到了古城佛罗伦萨。法拉第跟着戴维怀着崇敬的心情拜访了伟大的天文学家伽利略创立的科学院，观看了伽利略亲手制作的天文望远镜。戴维教授还用一块巨大的凸透镜，汇聚太阳光，演示了他的拿手好戏——燃烧金刚石。众人一片喝彩，唯独戴维夫人不屑一顾地念叨着"一群疯子"。

春风和煦的4月，一行人来到伟大的罗马城。法拉第在万神庙的巨大廊柱下遐思神话传说，在斗兽场的残垣断壁旁聆听远古的嘶喊，在大浴场里想象古罗马人的生活，在许愿池边默默祈祷。

5月，他们继续南下，抵达著名海港那不勒斯。不过，这次他们可不是来看海的，而是直奔东南方向的维苏威火山。这是座举世闻名的活火山，不时爆发，吸引着众多的游客。戴维、法拉第在当地向导引领下，登向火山口。在距离火山口很近的位置，戴维立于熔岩凝固成的火山岩之上，在热气蒸腾、烟雾缭绕中侃侃而谈。他一会儿聊着公元79年那次火山大爆发毁灭了庞贝古城，一会儿又阐述着火山的理论成因。法拉第听着戴维的精彩讲解，看着火山口的壮阔景象，痴迷不已。随后，向导还找来滚烫的火山石烤肉、煮鸡蛋，吃了一顿有趣的野餐。傍晚，大家准备下山，可法拉第

第五章　1814　欧陆之旅　**_075**

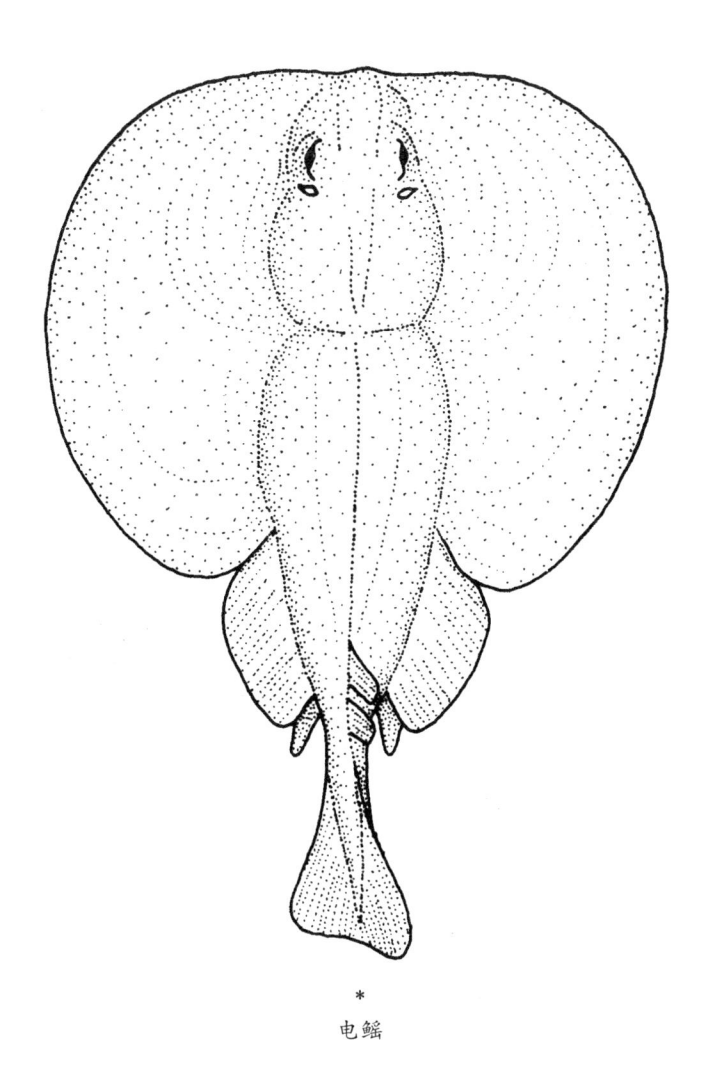

*
电鳐

*
那不勒斯与维苏威火山

第五章　1814　欧陆之旅　_**077**

还是恋恋不舍，于是决定再往上走走，捡一些火山岩标本。谁知，在他弯腰捡石头的瞬间，风向突然改变，热浪、烟雾、火星、碎石扑面而来。走在半山腰的戴维，突然看见一个灰头土脸的"黑人"呼喊着"火山！爆发啦！"跑过来。乃至跑到近前才看清楚，原来是法拉第，众人不觉大笑起来。

回到驻地，法拉第还是意犹未尽。于是，夜里众人睡后，他又偷偷跑出来，按照白天的路径再次登上了火山。此时，火山不像白天那般凶暴，也如沉睡了一般，只发出低低的鼾声。法拉第坐在一大块火山岩上，在万籁俱静的夜里，独自欣赏诡丽的夜景，浮想联翩。火山口发出的光，犹如小时候看《一千零一夜》时做过的梦里看到的，奇幻诡谲。但法拉第已不是做梦的孩童，他更关心的是如何用科学的手段驯服、利用这变幻莫测的大自然。

我的大学

告别火山，戴维一行人向北返回罗马，然后来到了米兰。这是他们意大利之行的最后一站，在这里，法拉第见到了景仰已久的电学先驱——伏特伯爵。法拉第早年的自学过程中，就在《化学漫谈》这本启蒙书里学到了这位伯爵发明的"伏打电池"，自己成功制作并在后来的实验里反复使用过。能见到偶像本人无疑让法拉第兴奋异常。

老伯爵热切地欢迎了来自英国的后辈学者，并带领他们参观了自己的实验室。法拉第跟在后面，偷偷打量着伏特先生，只见他虽已年近古稀，却精神矍铄，谈起电学的研究如数家珍一般。法拉第一边忙着记笔记，一边思考着自己在研究中遇到的疑问。想到机会难得，他终于鼓起勇气问道：

"伯爵大人，有没有可能研制出比伏打电池更持久输出电流的装置呢？"

"嗯，这是个好问题。"伏特先生注视着这个不知名的年轻人说道，"一切皆有可能。"

"希望您能早日研制成功，"法拉第兴奋地说道，"这样的话，做起实验来，更加得心应手了！"

"真要是能做成这种装置，可能就不只是做实验用咯！"伏特先生笑着拍了拍自己的胸脯，"可是你看我这一把年纪，就指望你们这些年轻人咯！"

偶然的一次会面，简短的一次交谈，谁也不曾想到，会促成了一次伟大的科学传承。在未来的日子里，法拉第将会接过伏特的衣钵，在电学上做出震惊世人的伟大发现。

离开米兰，戴维几人进入瑞士国境。在这个风景如画的国度，他们没有安排更多的访问游学，相对轻松地赏玩美景。可是没有了学术研究工作，法拉第就成了专职仆人，被戴维夫人使唤得晕头转向。

旅途奔波自然是辛苦的，风餐露宿也是常事，对法拉第来说是收获也是乐趣，可对娇生惯养的戴维夫人就是折磨。她对科学研究没有半点兴趣，只愿意和贵族人士打交道，生活条件稍微差一点就要发脾气。这些脾气一股脑都发泄在她眼中这个穷小子身上，她不仅对法拉第呼来喝去，甚至屡屡责骂。有时候戴维教授都看不过去了，出来打打圆场，也丝毫不起作用。法拉第备受屈辱，郁积已久的情绪就要像火山一样爆发了。

在日内瓦，戴维去拜访友人德·拉·里夫。受主人之邀，众人去森林里打猎。言谈之间，主人很诧异戴维这个仆人怎么会有如此高的学识和修养。回到宅邸要共进晚餐时，戴维夫人坚持不愿与法拉第同席共餐。而德·拉·里夫对法拉第赞赏有加，出于不忿，坚持要法拉第同桌吃饭。僵持不下时，法拉第为了戴维的颜面主动离开了。德·拉·里夫先生让仆人给法拉第单独做一餐送到房间，就此作罢。

亚历山德罗·伏特（1745 ～ 1827）

法拉第回到房间，心情糟糕到了极点。诚然，这次欧陆之旅的收获无与伦比：跟随戴维游历很多城市，见识了各异的风景地貌、风俗民情；拜访了众多科学家，接触了当时顶尖的学术圈子；协助戴维实验，见证了伟大发现，学到了很多知识。但同时他也生出了无尽的苦恼：不堪于戴维夫人的羞辱，鄙夷某些贵族上流人士的阿谀嘴脸，即便是科学界也不全是纯净无私的，同样有肮脏和丑陋。而且，他对戴维教授的认识也逐渐改变。此前在法拉第眼中，戴维是自己的导师，学识渊博，聪颖过人，潇洒幽默，完美无缺的人。可是在朝夕相处的一年多时间里，他也看到了戴维身上某些与自己信仰相悖的性格，比如好大喜功、趋炎附势。他无处诉说，只得把这些愁怨写在了给朋友的信中：

> 唉！我离开家，离开那些我爱的人和爱我的人，是多么愚蠢……能得到什么值得夸耀的好处呢？只有知识！有关世界的，有关人文的，有关风俗的，有关书籍和语言的知识，这些知识本身的价值是任何赞美都无法形容的。每天我所看到的却是为了最卑鄙的目的而出卖灵魂。唉！当知道做一个学者，要落到与流氓恶棍为伍的地步时，真让人无地自容！而它向我们证明到处都是诡计和欺骗时多么令人作呕！这怎么能与那些具有美德和正直的人相比呢？这些人只接受天理的教化，过着心满意足的幸福生活，他们没有被玷污的荣誉，没有被污染的信念，他们思想高尚，他们努力去做善事，回避邪恶，他们对待别人将心比心。我通过这长时间的考验来获得知识，是否是明智之举呢？

24岁的法拉第，开始真正地思考这些深邃的问题。这次欧陆之旅，他不仅收获了知识，还在纷扰的人情世故中渐渐形成了自己的世界观、价值观和人生观。在伦敦相对简单的环境里，他只关心生存和求知。而在更广阔的人世间，有着更复杂的道德标准、价值取向和人生追求。他在疑惑和挣扎中树立了自己的人生目标——做一个正直的人，一个以道德为准绳、

*
青年法拉第

以科学为终身志向的人。法拉第只上过两年小学，少年自学成才，而在欧洲大陆的一年多时间里，他完成了"人生大学"的重要课程。

法拉第内心在痛苦挣扎，而此时欧洲大陆也是风云巨变。在这段时间里，法皇拿破仑历经战败、被囚、逃脱，迅速组织军队东山再起，欧洲新的战端一触即发。当戴维一行来至比利时的时候，得知了这一消息，随即改变了原定的行程，准备返回英国。法拉第顿有解脱之感，兴奋之情溢于言表，马上给母亲写了平安家书。

1815年4月，法拉第踏上了故土，回到伦敦。18个月的欧陆之旅，收获巨大，感慨良多，法拉第已是脱胎换骨，在学识方面和精神层面都已非昔日可比。他恨不得飞回自己的实验室，把脑子里无数的设想付诸实施。可当他意气风发地走进皇家研究院后，发现实验室里已经有一位新任的实验室助理。一头雾水的法拉第自忖道："难道我失业了？"

爱情既是友谊的代名词，
又是我们为共同的事业而奋斗的可靠保证，
爱情是人生的良伴，
你和心爱的女子同床共眠，
是因为共同的理想，
把两颗心紧紧系在一起。

———

迈克尔·法拉第

第六章　1819　立业成家

1819年某个周日

巴纳德家

　　法拉第坐在巴纳德家的客厅里,如坐针毡。萨拉送来咖啡和糕点,法拉第仔细地打量起眼前这个姑娘:披肩的卷发,凌厉的眼神,薄薄的嘴唇,棱角分明的脸庞,透着开朗、活力和纯真。还没等法拉第把咖啡杯放下,姑娘就开始笑着质问了:"法拉第先生,你认为爱情是灾难,女人是魔鬼吗?"法拉第想了一个星期怎么回答,可事到临头就忘得一干二净了,结结巴巴地附和道:"是是是,啊不,不是不是不是……"萨拉看出法拉第尴尬到极点了,决定暂时放过这个书呆子,随即换了话题:"你去过法国吧?给我讲讲好玩的事吧!"法拉第瞬间好像松了绑,滔滔不绝地讲起在欧洲大陆的旅行趣事。气氛渐渐热络,四目相对,情愫暗生。

初露峥嵘

回到皇家研究院的法拉第被当头泼了一盆冷水。由于此前的近两年时间，师生二人在欧陆游学，研究院只得聘请了布兰德教授接任了戴维的化学讲师的职位，同时也聘用了另一位实验室助手。法拉第想到之前旅行中的矛盾，也不好直接求助于戴维，只得回到家中，另做打算。一周时间过去了，法拉第甚至准备重回书店做个订书匠。

就在这时，戴维教授伸出了援手。他在旅行中已经十分认可法拉第的能力和人品，于是在研究院里斡旋，为法拉第申请到了新职位——实验助理兼器材主管，而且周薪由以前的25先令增加到了30先令。

法拉第心生感激，用拼命工作来回报师恩。在他的悉心打理下，皇家研究院的实验室窗明几净，仪器使用、收纳井井有条，实验物料储藏安全、分门别类，成为学术圈里交口称赞的科研场所。很快，他就引起了布兰德教授的注意。在协助布兰德教授操作实验和演讲中，法拉第表现出了专业、细致和严谨的科学态度。尤其是布兰德教授看着法拉第整理的实验记录更是赞叹不已，于是邀请法拉第协助其撰写科学论文。法拉第的工作能力逐渐得到了研究院上上下下的认可，戴维教授颇感欣慰，于是也邀请法拉第参与了一项重要的研究工作。

从欧洲回国后，戴维教授就接到了一项任务。当时的英国煤矿经常发生可怕的瓦斯爆炸，伤亡惨重。于是英国政府专门成立了委员会来研究矿井防爆难题，并邀请戴维教授参与。戴维和法拉第经过3个月的时间，下矿井、做测量、搞实验，终于找到了解决方案。他们发现，矿井下的瓦斯爆炸都是由矿灯的火焰温度过高引发的，于是就在矿灯外边添加了一层铜丝网罩，起到了给火焰散热的功效，也就避免引燃瓦斯爆炸了。安全矿灯

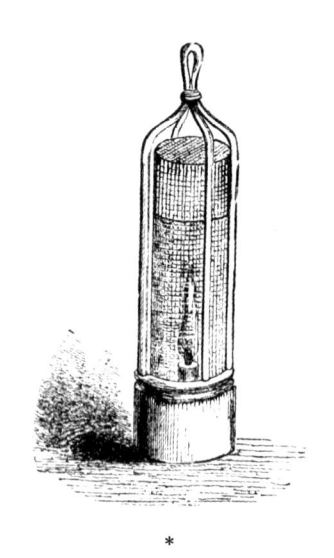

戴维的安全灯

的发明促进了英国矿山业的发展，世人曾把这项发明与大败拿破仑的滑铁卢战役并称为1815年英国的两大胜利。而饱受赞誉的戴维教授也在后来发表的论文中，大方地表达了对学生的谢意：

>我本人感谢法拉第先生，在我的实验中，他对我作了很多有力的帮助。

法拉第很感谢戴维的认可和赞扬，也很享受追随导师进行科研工作的过程。他一直视戴维为科学研究的偶像，希望有朝一日能成为有所贡献的科学家。这段时间，法拉第开始疯狂地投入工作和学习中。戴维、安培、伏特、布兰德，只要是优秀的学者，都有值得他学习的地方。

白天，他兢兢业业地完成实验室的工作。晚上的时间也不浪费，他都要回到顶楼的住处学习到深夜，并且每周抽出一天晚上，到城市哲学会里，和那里的年轻学者们交流知识、分享心得。不知不觉中，他慢慢不满足于只做助理的工作，开始了独立研究。

在戴维和布兰德教授的鼓励下，1816年，25岁的法拉第在皇家研究院的刊物《科学季刊》上，发表了他第一篇科学论文。那是一篇仅有两页的

*
法拉第正在实验室做实验

*

法拉第在皇家研究院的实验室

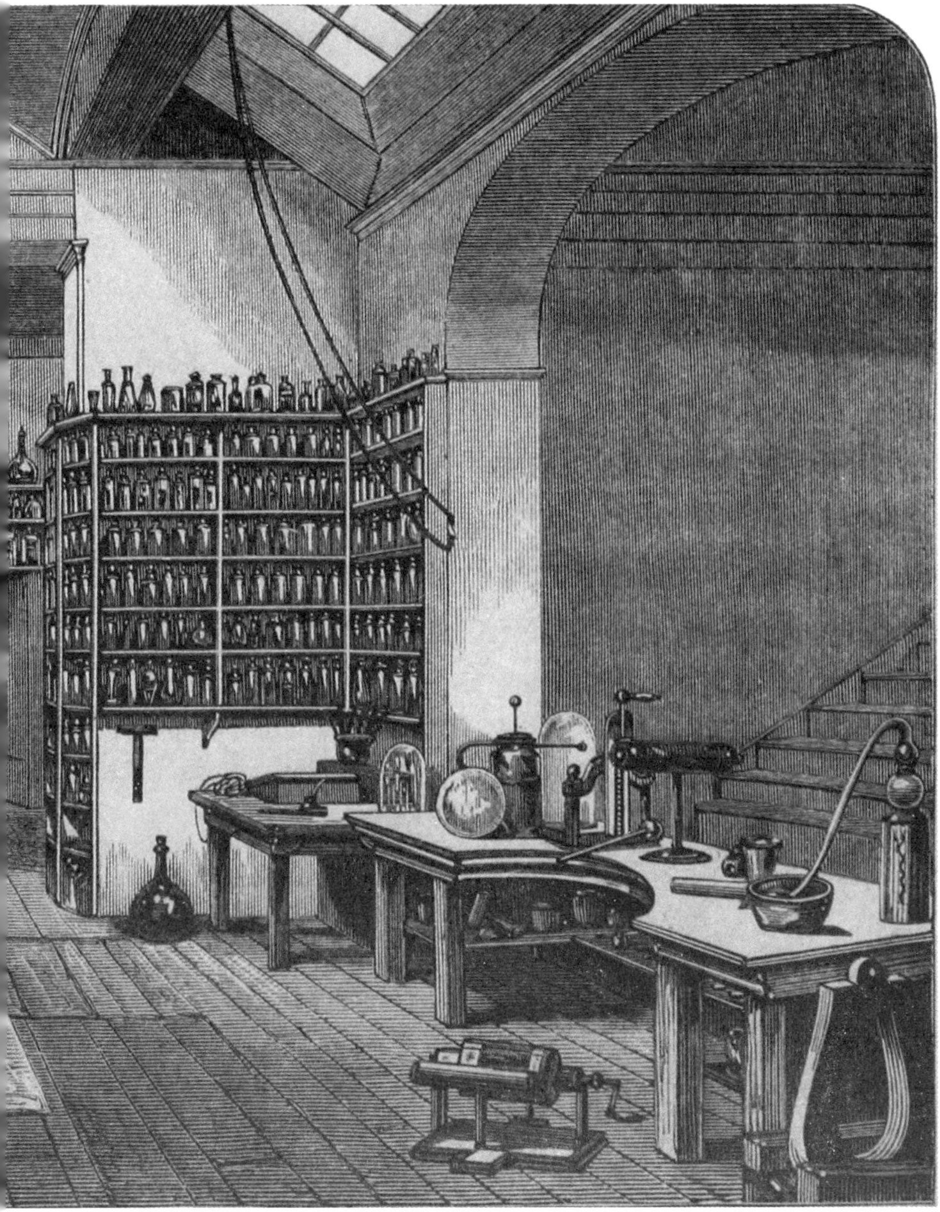

实验报告，分析了他们从欧陆带回的一种石灰。在此后的两三年，他又发表了10多篇论文。那些论文多是比较简单的实验报告，并不是什么惊人的理论和发现，但对于初出茅庐的法拉第来说，却是踏上科学道路之始坚实的第一步。

除了做实验和写论文，法拉第心里还有一个小梦想没有实现，那就是像戴维教授那样做演讲。从第一次听戴维教授的演讲开始，法拉第就被这种推广科学知识的方式迷住了。他经常在自己的屋子里，学着戴维的样子模拟演讲。虽然他自知还达不到戴维的学识水平，更没有戴维的非凡口才和潇洒风度，但是法拉第向来好强，想起伏特伯爵说的"一切皆有可能"，决定要试一试。他随即想到了一个练手的好地方——城市哲学会。

城市哲学会的成员没有学术权威、贵族绅士，都是和法拉第年龄相仿的年轻人。他开始在每周的聚会上做演讲，会后还要和朋友们交流探讨。克服了最初的紧张，法拉第渐入佳境，逐渐形成了自己的风格。他不具备如戴维那样的口才和风度，但是法拉第也有自己独特的优点，语言朴实、逻辑清晰、极具亲和力。他的演讲主题也是相当广泛，科学知识、前沿发现、实验技巧、逻辑探讨、哲学思想、学习方法、道德品质，囊括了一个年轻学者所有的认知和思考。这段时间的锻炼，让他信心倍增，以至于在他大半生的时间里坚持做科学演讲，即使到了老年，仍致力于对青少年的科普推广工作。

法拉第的演讲逐渐在哲学会上广受欢迎，昔日的朋友们都惊讶他近两年的巨大变化，钦佩他的学识，更感动于他对科学的执着。一位朋友甚至写了一首诗送给他：

　　这是哪里？谁在发表演说？
　　这位年轻人身穿整洁朴素的衣着，
　　目光敏锐，是天生的学者；

……

他面貌温顺，却内心火热，

与快乐为伴，却痛恨卑鄙丑恶；

他心胸坦荡，态度谦和，

一贯正确，仍不停探索。

这个年轻人在订书业屡有斩获，

他的名字家喻户晓，汉弗莱爵士的追随者。

他目光如炬，向着前辈点头承诺，

胸中装着早已精通的瓦茨的著作。

诗与爱情

在哲学会的年轻人之间，很流行互相写诗相赠。法拉第读着朋友充满赞誉的诗，有点不好意思，一来感觉内容有点过誉了，二来因为自己不会写诗回赠。他想到戴维教授在法国枫丹白露旅行时即兴赋诗一首，自己也要学着写诗。他开始用诗歌的方式表达自己的情感，虽然这并不是他擅长的，但是他的诗就如他的人品一样朴实无华，而且饱含真情。在和朋友们诗歌唱和的交流中，法拉第发现人们最喜欢吟咏歌颂的主题就是爱情。这方面，法拉第可是门外汉了。此时他还没有过恋爱的经历，而且他在旅欧途中深受戴维夫人的鄙夷和折磨，再加上他耳闻目睹那些上流社会女人的骄矜和伪善，更让他对爱情没有任何向往之情，反而有些厌恶。于是，在法拉第初期稚嫩的诗作中，留下了这样的词句：

是什么传染病，

是什么晦气星，

把妻子带进人生？

——那是爱情！

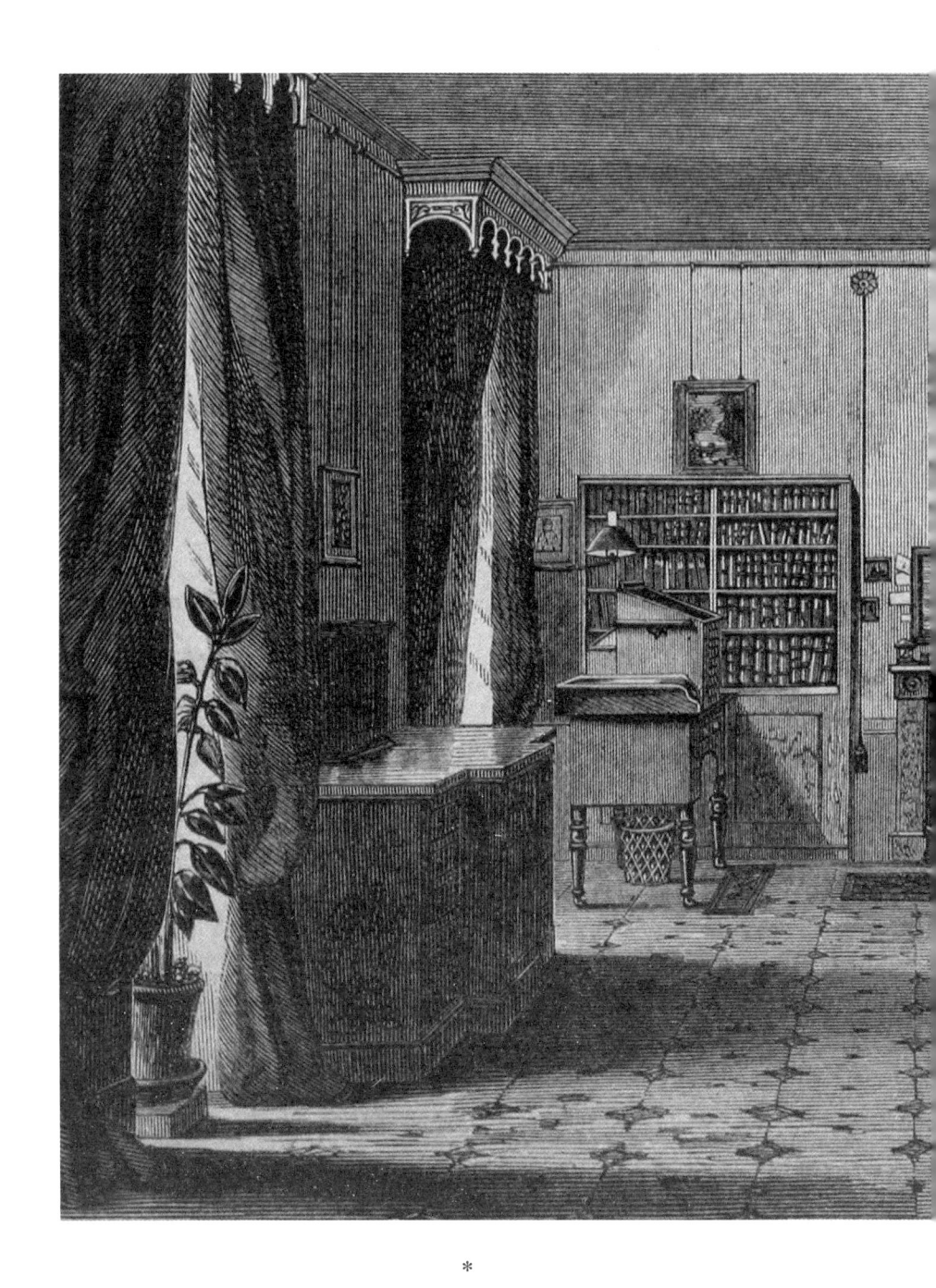

*
法拉第在皇家研究院的住所

第六章　1819　立业成家　_095

*

青年才俊法拉第

什么力量能摧毁人的坚强笃定？
什么东西能欺瞒人的善良本性？
什么东西乔装改扮、悄然无声，
转瞬间把聪明人变成糊涂虫？

——那是爱情！

什么力量能让朋友分崩？
什么东西把承诺变成空？
连最聪明的头脑也莫测难懂，
它降临世间只为了叫人屈从？

——那是爱情！

什么东西指引疯子的狂热举动，
连笨人也视为神明？
什么东西让聪明人避讳惶恐，
可是到头来它仍旧在世间横行？

——那是爱情！

法拉第一口气列数了爱情的几十条"罪状"，最后，他信誓旦旦地宣告：

爱情啊，我和你没有可能，
再见，再见，愿你飞向远方，一路保重！

可能以今人的眼光看来有些可笑，但确确实实是当时法拉第的真情流露，在他的心里，只有科学才是至高无上的忠诚伴侣。可是他一心扑在科学研究上，必定无暇他顾，也就引起了家人朋友的不满。

由于皇家研究院的工作越来越多，法拉第承担的责任也越来越重，每天的日程表都安排得满满的。他去哲学会的时间越来越少，连回家探望家人也耽误了。母亲、哥哥和姐妹们只有每个星期日到教堂礼拜时能见到法拉第的影子，而且每次都是来去匆匆。

1819年的一个周日，法拉第做完礼拜，就准备回研究院继续工作。在教堂外的草坪边，和妈妈同名的小妹妹玛格丽特，拽住法拉第，缠着他讲讲欧洲大陆的新鲜事。法拉第平时最疼小妹妹，见拗不过，就陪她聊了几句，家人们也围了过来问长问短。

从教堂里鱼贯而出一群人，其中一个男子看见人群中的法拉第，冲过来一把抱住他，说道："我可逮住你了！大忙人！"法拉第一看认识，是教会长老、银匠巴纳德的长子爱德华，两家常有来往。爱德华和法拉第年纪相仿，有机会就一起探讨年轻人感兴趣的话题。爱德华接着说道："今天你可别跑了，给我讲讲哲学会的事吧！"法拉第一心想着回研究院工作，就敷衍了几句，挣脱爱德华就要跑。刚一转身，突然和一个人撞了个满怀。

法拉第差点把对方撞了个跟头，一看还是个年轻姑娘，忙不迭地道歉。爱德华冲过来笑道："哈哈，这下你可走不了了，好好赔个不是，敢撞我妹妹！"法拉第这才恍然大悟。爱德华的妹妹，刚满20岁的萨拉，此时正一脸孩子气地盯着法拉第。法拉第有点手足无措，赶紧道歉："真对不起，我是爱德华的朋友，我叫……"

不等法拉第自报家门，姑娘抢着说道："我认识你！迈克尔。"

"哦？"法拉第讪讪地笑了笑，实在不知道怎么和姑娘打交道，一时语塞。

"谁不认识大诗人呢？"接着，萨拉一只手伸展开作诗人状，以一种戏谑的口吻朗诵道："是什么传染病？是什么晦气星？那是爱情！"

说完，萨拉捂着嘴咯咯笑起来，爱德华也跟着笑起来。法拉第瞬间满脸通红，尴尬地赔笑，心想一定是爱德华把自己的"大作"告诉了他妹妹。萨拉笑够了，佯装生气的样子说道："你要有诚意，下周日到我家登门赔罪才行！"然后又笑着说道，"顺便给我讲讲你的诗。"

姑娘笑着跑开了，法拉第傻傻地呆立在原地。随后的一星期里，法拉第判若两人，工作时怎么也集中不了精神，书也看不下去，思绪总是停在教堂前的那个午后。他也说不清是一种什么感觉，那个大方可爱的姑娘偷偷地住进了他的心。

一周后，法拉第如约登门拜访。萨拉以前常听哥哥说起法拉第如何年轻有为、人品高尚，听闻他的诗作后又对这个古怪的书呆子充满好奇。她一上来就打趣法拉第的"讨伐爱情"的大作，弄得法拉第想好的百般解释又无从开口了。慢慢地，两人谈起了几年前的欧洲之旅。法拉第这下如鱼得水了，侃侃而谈，如数家珍。电鳐、火山、枫丹白露、卢浮宫、古罗马神庙，种种美景趣事被法拉第描述得绘声绘色。接着法拉第又谈起来科学研究的苦乐和梦想。萨拉听得着迷，逐渐发现这个书呆子不只有蹩脚的诗作，还有着丰富的阅历、优秀的品质和执着的科学梦想。法拉第也被萨拉吸引了，并不是因为她的容貌，而是以前见到的女人所没有的善良、大方和纯真。两颗年轻的心彼此靠近。

不出所料，憎恨爱情的法拉第恋爱了。他推翻自己以前的论调，开始给萨拉写诗和信，倾诉衷肠。萨拉也开始走进法拉第的生活，听他讲科学研究的事，听他在城市哲学会的演讲，听他的欢乐与烦恼。

两个人同属一个教派，宗教信仰和人生信条都很契合，两个家庭也十分赞成他们的交往。经过两年的热恋，1821年6月12日，在亲友的见证下，两个桑德曼派教徒在教堂举行了婚礼。婚礼简单而庄重，法拉第并没有邀请众多的同事和朋友，导师戴维教授也只是发来了祝贺的信件。此前，法拉第由于工作出色，刚刚被提升为皇家研究院事务主任，院方又安排了两间更大的房屋给新婚夫妇居住。对于爱情事业双丰收的法拉第来说，并没有丝毫的懈怠，甚至连蜜月旅行都取消了，因为他还有更重要的事情要做。就在戴维教授的来信里，提到了近期一项极其诱人的科学课题——电磁研究。

科学家不应是个人的崇拜者，

而应当是事物的崇拜者，

真理的探求，

应是他唯一的目标。

———

迈克尔·法拉第

第七章 1821 师生风波

1821 年 9 月 3 日

皇家研究院实验室

  法拉第专注地在实验室的桌子前摆弄着实验材料，小心翼翼地固定磁棒，连接导线。"迈克尔，忙什么呢？"法拉第的妻弟乔治走了进来说道，"我顺路过来看看你。"法拉第并不抬头，随口说了一句："哦，你随便坐吧。"他又摆弄了一会儿，终于安装妥当。只见他搓了搓手，紧盯着桌上的大玻璃缸，忐忑地接通电源。几秒种，法拉第大叫一声："看见了吗？乔治！看见了吗？"他一把拽过乔治，接着喊，"转动了！你看，它转动了！"乔治吓了一跳，看着桌上的实验设备，搔着头问道："什么转动了？"法拉第手舞足蹈地抱住乔治，像跳舞一样转着圈，喊道："就像这样！转了！转了！"

电的历史

提到戴维教授接到的电磁研究课题，就要先说说人类对电与磁的认知历史。

让我们追溯到远古时代，原始人类并不了解大自然的科学，电闪雷鸣的巨大威力是既神秘又恐怖的。公元前6世纪，古希腊哲学家泰勒斯（前640～前546）发现天然琥珀用毛皮摩擦后，可以吸附细小的绒毛。再过了2000多年，英国女王伊丽莎白的御医吉尔伯特（1544～1603）研究发现，除了琥珀以外，用蓝宝石、钻石、玻璃棒和丝绸摩擦后也可以产生同样的现象，随后他借用希腊文的"elektron"（琥珀）来命名这个神奇的现象，经过逐步演化，形成了我们今天说的"电"（electric）。他还制成了可以探测静电电荷的验电器，同时发现静电的吸引力和磁石的吸引力的不同之处：电可以吸引很多物质，磁只能吸引铁；电需要摩擦才会产生吸引力，磁不需要任何动作；电只是吸引物体，磁会将吸引的物体按定向排列。

随后，法国物理学家迪费（1698～1739）通过摩擦玻璃棒和树脂棒带电后的实验，发现了同性相斥、异性相吸的现象，并假定为电分为两种，即"玻璃电"和"树脂电"。而就在同时，大西洋彼岸的北美殖民地费城，有一位学者也在做着类似的研究。学徒出身的富兰克林（1706～1790）认为，电的性质只有一种，带电现象是由于两种不同的正负电荷流动造成的。迪费和富兰克林的两种理论都不完全正确，却又都有可取之处。现代的原子结构理论告诉我们，原子是由带正电的原子核和带负电的电子组成的。一个物体所带电子过多，它就带负电；所带电子过少，它就带正电。电子的流动就产生了电流。

1752年，富兰克林做了一个被后人铭记的伟大实验。他带领儿子，在暴风雨中放飞一个巨大的十字风筝。风筝顶端立着一根粗铁丝,风筝线的末端拴着一把铁钥匙,再加上暴雨淋湿的风筝线,就构成了一个导体。他们在空中闪电大作时,触摸铁钥匙感受到了电击,并且用自制的莱顿瓶成功地收集到了闪电产生的电能。虽然这个实验是有生命危险的,但却是人类电学研究的里程碑。人类开始认识到,空中的闪电和静电的性质是一样的。随后,富兰克林又发现了电荷守恒定律,科学界对电学的探索从定性研究迈向定量研究,及至开发应用。古希腊神话中,普罗米修斯偷天火造福人类。而富兰克林则是冒着生命危险,把天空中的闪电"偷"到了世间!

富兰克林储存电能用的莱顿瓶,是荷兰人发明的,一直用于电学实验。但是由于莱顿瓶放电时间短,电流不稳定,所以科学界都在研究一种能产生稳定电流的新电源装置。这就要说到著名的"伏打电池"的发明人——意大利物理学家伏特,而他的发明过程源自一次有趣的偶然事件。

1780年的一天,意大利博洛尼亚大学解剖学教授伽伐尼正在实验室解剖青蛙,他把一只刚解剖好的青蛙丢在了实验桌上,转头做别的事情。突然,他的助手惊叫起来:"见鬼!青蛙复活了!"伽伐尼赶忙查看,原来是助手在收拾工具时,无意中挪动了莱顿瓶旁边的一把解剖刀,刀尖正好碰到青蛙腿上裸露的神经。伽伐尼反复研究发现,是解剖刀上带上了莱顿瓶里的电荷,触碰青蛙腿上神经引发肌肉的抽搐,而且同时在莱顿瓶上的电极迸出一个电火花。随后,他在实验中又发现,不需要莱顿瓶的电能,把青蛙穿上铜钩放在铁盘上同样会出现抽搐现象。他由此认定青蛙身上带有一种"动物电"。

1791年,伽伐尼发表了自己的研究结果,引起了学术界的争论。一派赞同他的观点,认为"动物电"和普通电是一样的;另一派以帕维亚大学教授伏特为首,他们否认"动物电"的存在。伏特认为,伽伐尼发现的现象只能说明青蛙的身体作为导体构成了回路。接着,为了证明自己的观点,

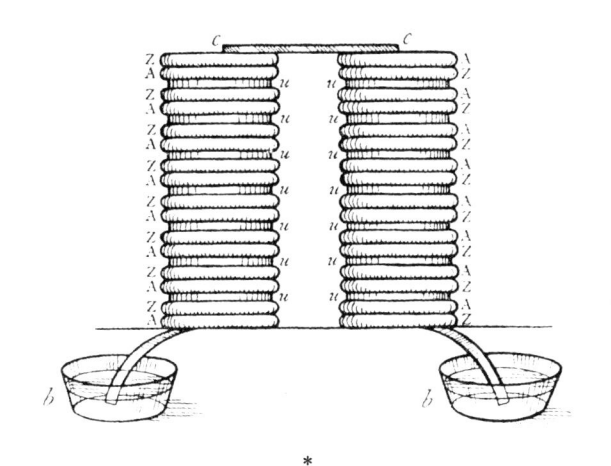

伏打电堆（图中 Z 为锌，A 为银）。

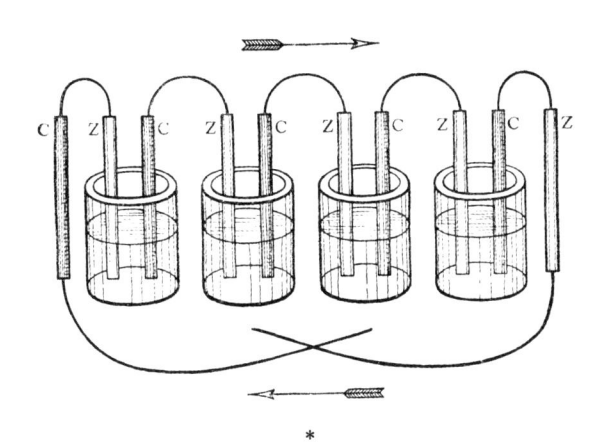

后来伏特发现，将铜、锌片分别浸入一大串盛有盐水或稀酸的杯子，并把每杯的锌片与另一杯的铜片用金属线相连，所发生的电流比电堆强得多，此装置被称为"杯冕"，这便是最早的"铜锌电池"了。

伏特用无生命的盐水替代青蛙的身体，做了同样的实验。他把铜棒和铁棒放在盐水中，同样能产生电流，只是电流非常微弱。

随后的几年，伏特受此启发，开始更深入地探索。他用铜、铁、锌、锡等各种金属逐个分组试验，最后发现了铜和锌的组合，能产生较大的电流。一块铜片，一块锌片，一瓶盐水，电池的雏形出现了，如此简单，又那么伟大！紧接着，他又改进了这个装置。他用圆形铜片、浸了盐水的纸片、圆形锌片，按照顺序依次堆叠若干层，从最上面的铜片引一根导线作为正极，最下面的锌片引一根导线作为负极，做成了人类第一个电池——"伏打电堆"。

"伏打电池"的发明，为电学的研究提供了有力的原动力。从此，电学从静电学进入了流电学领域。流电学第一个伟大成就就是电解。1800年，英国学者利用"伏打电池"通过实验发现水可以被电解成氢气和氧气。1807年，戴维用600个"伏打电池"组，成功分解出钠和钾两种元素，第二年他又提取出镁、钙、锶、钡。流电学在化学研究领域居功至伟。

而流电学取得的第二个伟大成就，是发现电流和磁体的关联。

电与磁

人类在发现电的同时，也发现了大自然中的磁现象。在2000多年前的中国古代战国时期，我们的祖先就发明了用磁铁矿石制成的"司南"，利用磁现象来指示方向。古希腊人也发现了磁石能吸引铁的现象，但他们认为是"灵魂的吸引"。直至1600年，为电命名的英国人吉尔伯特发表了讨论电与磁性质的论文，提出磁针能够指示方向是受到了南北极作为磁极的吸引。一个多世纪后，库仑（1736～1806）在研究电荷时发现，磁极的相互作用力和电荷的相互作用力惊人地相似，都服从他发现的库仑定律，而且都是同性相斥、异性相吸。但是正负电荷可以独立存在，南北磁极却无法分割，总是成对出现。由此，大多数科学家都认为电和磁没有关系。但是，却不能解释某些奇怪的现象。1681年，一艘航行在大西洋的商船遭遇闪电，结果船上的3个罗盘全部失灵：一个南北指向颠倒，另两个退磁了。还有一次，意大利的一家五金店被闪电击中，事后发现有的刀叉被磁化了。科学界对此一筹莫展，无法给出信服的解释。

这个难题直到1820年才被一位丹麦物理学家奥斯特（1777～1851）揭开了神秘的面纱。奥斯特是康德（1724～1804）哲学的信徒。他认为，世界中的一切力，光、电、磁和化学亲和力都是同源的，而且在一定条件下是可以相互转化的。秉承着这个信条，他试图用实验来证明电和磁之间的关系。起初，他设计了一个极简单的装置，用一根导线连接"伏打电池"的正负极，在东西方向的导线下方放置一枚小磁针（自然呈南北方向），接通电路时观察磁针的变化。可是屡次实验都无功而返。在一次课堂教学中，他再次演示了这个实验，仍然如是。他抱着试试看的心态把导线的方向从与小磁针垂直摆放换成了平行。接通电路的一瞬间，磁针突然有了极微小的跳动，微小到几乎没有人注意。但是奥斯特敏锐地发现了，他当时兴奋得蹦了起来，乃至跌了一跤。通过随后几个月的深入研究，他在7月发表了论文，得出了结论：电流产生的力围绕导线的圆周方向作用于磁针，并使其按固定的指向排列。又是如此简单的实验，让奥斯特发现了划时代的电流磁效应。

奥斯特一把推开了电磁学的大门，学术界为之震动。大批科学家们得以前仆后继地开展相关研究，一时间你追我赶，硕果累累。仅仅两个月后，安培发现了电流之间的作用力：当两根平行导线接通同向电流时，彼此吸引；电流方向相反时，彼此排斥！同一天，安培的法国同胞物理学家阿拉果（1786～1853）发表了题为《关于钢和铁在电流作用下被磁化的实验》

的论文。同年10月，另两位法国科学家比奥和萨伐尔用数学公式概括了奥斯特效应中电流和由它引起的磁场之间的定量关系。这个关系式被后世称为"比奥-萨伐尔定律"，也称为"电磁学第一定律"。而安培的平行电流作用公式，被称为"电磁学第二定律"。在电磁学研究初始阶段，法国科学家遥遥领先。

英国科学家们自然不甘落后。在得知电磁学的发现后，戴维和法拉第马上重复操作了奥斯特的实验。为之惊叹的同时，他们都在想，电和磁之间的作用力有别于已知的任何一种作用力的方式，不是简单的引力或斥力，而是呈圆周方向转动的力，在这个领域，一定还有更多的神秘宝藏没有被开发。法国人都专注于研究电流对磁场的影响，英国人发觉既然作用力都会有反作用力与之匹配，那么，磁场对电流会有什么影响呢？

伟大发现

首先做出探索的是皇家研究院的理事——沃拉斯顿（1766～1828）教授。沃拉斯顿以研究金属闻名，曾发现了两种新的金属元素钯和铑，还发明了多种科学仪器。1820年，皇家学会会长班克斯爵士逝世，提名新会长候选人的时候，沃拉斯顿和戴维呼声最高，沃拉斯顿无意与老朋友戴维竞争，遂谢绝了提名，于是戴维当选了皇家学会会长。

1821年4月的一天，沃拉斯顿拿着一张草图兴冲冲地找到戴维。他解释自己的设计：在两个金属碗之间夹一根直导线，通上电流，然后拿一根磁棒移近导线，导线就会围绕自己的轴转动起来。戴维一看也是眼前一亮，这的确是个新思路。于是二人马上到实验室实际操作起来。但是，他们反复操作，导线都一动不动。二人仔细分析了没有成功的可能影响因素，如电源电量、导线接触、磁铁距离等，还是一筹莫展。这个课题就此搁置了，后来，沃拉斯顿想到了做实验的高手法拉第，就请来帮他们斟酌实验细节。

刚刚举办完婚礼的法拉第一收到二位教授的邀请，马上来到实验室开始了研究。此前，在奥斯特以及后来的几位科学家的成功发现传到皇家研究院的时候，法拉第就开始关注电磁学领域的研究。他仔细研读所有的报告及前人的理论著作，并且把那些伟大发现都成功复制了一遍，随后把自己的学习心得写成了一份报告，题为《电磁研究的历史概况》。

此时，法拉第反复调试沃拉斯顿设计的实验细节，更换更强力的电源和磁棒，减少导线和金属碗的摩擦力，还是没有进展。于是法拉第停止了尝试，把思维焦点从这个实验里抽离，关注到电磁学最原始的理论上。他反复回味奥斯特的实验结果，突然意识到，电流作用于磁针的运动是围绕导线的圆周方向，那么反过来，磁棒作用于导线的运动会不会也应该是围绕磁棒的圆周运动，而不是沃拉斯顿教授设想的导线围绕自己的轴运动呢？也就是说，应该是公转，不是自转！

法拉第依照自己的灵光一现，马上设计实验。如果遵循沃拉斯顿的设计思路，在操作上几乎没有办法让导线公转起来。经过几天的冥思苦想，法拉第终于想到了一个绝妙的方案：

> 在一个玻璃缸中央立起一根磁棒，磁棒底部用蜡固定在缸底。缸里倒上水银，刚好露出磁棒的顶端。把一根粗铜丝穿过一个软木塞，浮于水银表面。粗铜丝的上端通过细铜丝连接到"伏打电池"的一个极上，电池的另一极通过一根细铜丝连接到水银里，这样就形成了一个闭合回路。

法拉第设计这个实验的绝妙之处就是水银，它既能导电，又把阻力降到了最低。他接通了电源，奇妙的现象随之显现：那块软木像一艘小船，摇摇晃晃地缓缓启动，围绕着磁棒转动起来！

"看见了吗？看见了吗？你快看啊！乔治！"法拉第兴奋地叫了起来。

乔治是萨拉的弟弟，这天来做客，恰好赶上法拉第做实验，就在旁边观看。乔治当然是看不懂这个实验的奥妙，更不会知道这个看似简单、粗糙的装置就是人类历史上第一台电动机！

法拉第运用了丰富的想象力首次窥破了电与磁的关系，并成功把电能转化为机械动能。随着后世科学家逐渐改进，电动机迅速取代了蒸汽机，给人类带来了更经济、更有效率、更环保的动力之源，造福人类生活。也许此时的法拉第还没有意识到这个发现的伟大之处，他只是关注解决电与磁之间所有的奥秘。

紧接着，他又设计了一系列改进实验，以尝试更多的可能。他颠倒了磁棒的方向，做了同样的实验，发现软木不出所料地发生反方向转动；他又把铜丝固定，而把磁棒穿过软木直立地浮在水银中，发现磁棒发生了围绕铜丝的转动。

法拉第把这一系列实验整理成一篇论文后，首先想到的是找沃拉斯顿教授探讨。没想到沃拉斯顿出门旅行了，戴维教授也不在伦敦。法拉第一来难以抑制新发现的兴奋，二来当时英、法两国乃至其他欧洲国家的科学家们在电磁学上的研究你追我赶，而且碰巧研究院的《科学季刊》编辑向法拉第约稿，于是他决定不再等两位前辈回来探讨，尽快发表自己的论文。他反复思量，决定在论文中不提及沃拉斯顿的错误实验，以防在对方不知情的前提下发表出来引起不妥。要知道，法拉第在此前的研究和发表过的论文，都是导师们布置的课题，这一次可是他独立完成的。

他满怀成就感地送出论文，为了庆祝自己的发现，也为了弥补被耽误的新婚蜜月旅行，他随即带上妻子萨拉去海边度假了。两人站在海边的白色巨崖上，吹着海风，欣赏着波涛汹涌的海景。法拉第还沉浸在那个伟大发现带来的满足感里。他从懵懂的孩童到走进皇家研究院大门付出的所有努力，都为了这一刻的幸福。过了一会儿，萨拉指着天边的一片乌云说道：

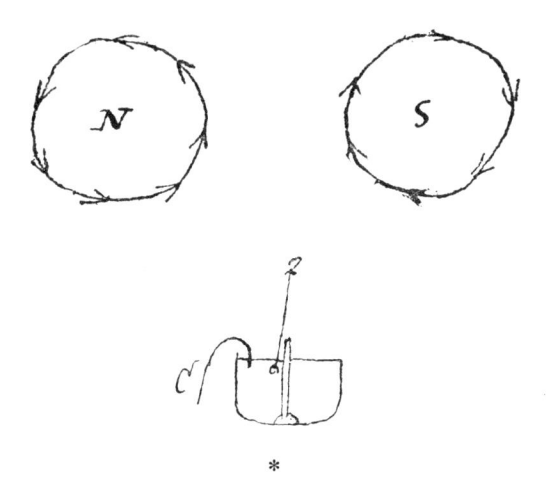

法拉第笔记中的实验设计草图（原稿）

"我们回去吧，眼看暴风雨就要来了！"法拉第体贴地说："你先回去吧，我再待一会儿。"

很快，狂风乍起，卷积着乌云，催动着海浪。紧接着，几道闪电划破昏暗的天空，有的似一把利剑，有的似恶魔的利爪，有的似巨大的树枝。雷声接踵而至，暴雨倾盆而下。法拉第就站在悬崖上，任凭风吹雨打，如醉如痴地，感叹于大自然洪荒之力的震撼，欣喜于人类驯服自然之力的智慧。可是万万想不到，在他享受暴风雨的时刻，伦敦的皇家研究院里也在暗流涌动，酝酿着一场狂风暴雨。

轩然大波

10月的伦敦，天气转凉，法拉第回到皇家研究院，等待他的不是赞美和掌声，而是冷言冷语。学术圈里流传着各种论调：作为实验室助理贸然侵犯了导师们的研究领域；剽窃了沃拉斯顿博士的研究成果；不打招呼，直接把剽窃所得的论文发表。

起初法拉第只把这些谣言当作误会，还耐心地解释给众人听。可是很快发现，没有人愿意听他的辩解，大家都想当然地认为伟大发现都应该是大名鼎鼎的科学家才能做到的。一时间，法拉第前所未有地深切体会到了科学圈的恶意，工作中待人接物时都能感受到人们鄙夷的眼神，似乎自己脑门上贴着"窃贼"和"小人"的标签。

法拉第不甘人格被玷污，既然自己的辩解没人相信，那就只能求助于别人。他先找到当时一起做研究的一位学者，可是对方婉拒了他的请求，明显不愿意介入纠纷。法拉第又想到了导师戴维。可是，戴维却避而不见。

戴维教授是此次事件的当事人之一，是他邀请法拉第介入了研究工作，以他的学识很容易就能看出来法拉第的实验理念和沃拉斯顿的完全不同，以他时任皇家学会会长和法拉第导师的双重身份，平息这个纠纷易如反掌。可戴维选择了沉默，原因就是嫉妒。

戴维出身低微，青年得志，一跃成为英国科学界的明星级科学家。他和沃拉斯顿同为当时著名的电学家，二人研究了电磁学十多年，在马上要触碰到终点线时，被一个自己一手提拔起来的实验助理拔得了头筹。而且，在法拉第发表论文后，欧洲大陆的科学界震动了，各种科学刊物纷纷转载，赞誉之词如雪片一般，著名的安培教授还专门发表了文章评价了法拉第的伟大发现。对法拉第目前的境遇，戴维心知肚明，可他不愿伸出援手，选择了不发一言、视而不见，嫉妒之火蒙蔽了他的双眼。

法拉第孤立无援，陷入了有生以来的低谷。巨大的舆论压力让他喘不过气来，他对学术圈失望了，对恩师失望了，甚至想要辞掉研究院的工作。回到研究院顶楼的住处，他痛苦地对妻子诉说："亲爱的萨拉，我真是狼狈到了极点！"萨拉不懂科学界的纷扰，但他坚信丈夫的人格，于是笃定地说："你就像一个孩子，因为太单纯所以很容易受到伤害。但你绝不是一个小人，千万不要因受到伤害而处处对人设防。"有了爱妻的理解和鼓励，法拉第决定直接找沃拉斯顿博士辩解。

他先给沃拉斯顿博士写了一封诚挚的信,请求当面解释,"如果我做了什么对不起您的事,那是完全无意的……如果我做了什么错事,我愿意道歉。"

沃拉斯顿是个性情温和、心胸开阔且极富幽默感的人。对众说纷纭的所谓剽窃事件,他并不以为意。收到法拉第态度诚恳的来信,就大方地回函表示愿意面谈。第二天,法拉第造访了沃拉斯顿的宅邸。沃拉斯顿其实很明白自己的实验思路有可能激发法拉第产生了新想法,法拉第的实验结果也确实和自己的设计有所不同。如今,这位年轻学者真诚的态度和对科学的高妙见解,打动了沃拉斯顿先生。两人的交谈很愉快,沃拉斯顿大度地表示不必纠结此事,还鼓励法拉第继续深入自己的研究。法拉第随后又把那个实验作了改进,去掉了磁棒,利用地球的磁场影响,同样成功地完成了导线的转动实验,并邀请沃拉斯顿参观了实验。沃拉斯顿也表达了由衷的赞赏,还鼓励他马上发表论文。

至此,这段所谓的剽窃公案暂时了结,法拉第的心结也稍稍解开。但是,这件事给法拉第造成了一定的伤害,尤其是恩师戴维的态度。所以,法拉第决定暂时避开电磁学研究这块"禁地",他的目光转向了化学领域。

另辟蹊径

法拉第从追随戴维那天开始,就接触了化学领域的研究工作。基于"伏打电池"的发明,科学家们拥有了强有力的化学分析武器——电解法。戴维利用电解法发现了很多不为人类认知的新元素,比如钙、镁、钾、钠、锶、钡等。他还把前人探索过的一些物质重新测定成分,也有所发现,其中就有氯气。戴维在实验中发现,这种黄绿色气体有刺激性气味,有毒性,极易燃烧,引燃后还有爆鸣现象,而且是一种不能再被分解的基本元素。他借用希腊文的"绿色"一词，命名这个新元素为"Chlorine"，中文译为"氯"。

氯气这种活跃多样的性质吸引了法拉第，他早在几年前就开始围绕氯气做研究，先后制备了几种氯化物。此时，由于发明电动机的风波，让法拉第又把工作重心转移到了氯气的深入研究。

此前，戴维曾经通过冷却氯气，得到了一种固体，误以为是固态的氯气。而法拉第实验发现，那其实是氯和水的化合结晶体，并不是固态氯。在当时的学术界，有一种观点认为，一些气体属于永久气体，不能液化或固化。法拉第决心要搞个明白。

法拉第一直认同英国化学家道尔顿的原子论，任何气体只要增加压力、降低温度就能缩小其原子间距离，导致液化。他设计了如下实验装置：取一只大试管，放入氯水的结晶体，然后用火焰把试管的开口烧融、封口，将放置结晶体的一端用水浴烧杯加热，另一端浸入冰水。片刻间，试管里升起缕缕黄绿色气体。

"氯水受热分解成氯气了，好在封口了，不必担心被熏了。"法拉第自言自语道。就在这时，戴维的一位朋友帕里斯教授走进实验室。

"戴维爵士不在吗？"帕里斯问道，随即看到法拉第在操作，就凑了上来，"你在做什么实验呢？"

"戴维爵士回家了，"法拉第答道，"我在做氯气的分析实验呢。"

帕里斯教授浏览着实验器具，突然好像发现了什么，仔细端详一番，笑着说道："法拉第先生，你这个试管都不干净，怎么能做好实验呢？"

"不干净？"法拉第一听就十分诧异，自己刚才明明取出的是干净的试管啊？

帕里斯随口聊了几句就出门找戴维去了。法拉第还在疑惑，自己对实验器材的严谨要求可是研究院出了名的，怎么会出现如此纰漏？他仔细查看了试管，只见内壁上确实有少量的黄色油斑。法拉第还是不敢相信，他取下试管，用一把钢锉在油斑的位置锉了几下，然后轻轻掰断试管。"噗"

的一声，试管断开，冲出一股刺鼻的氯气味。随即奇迹出现了，试管内壁干干净净，油斑无影无踪了！

法拉第呆立片刻，瞬间醒悟：那油斑就是液态的氯！一次偶然的实验，成就了法拉第发现了液氯。伽伐尼的动物电，奥斯特的电流磁效应，法拉第的氯气液化法，似乎都是机缘巧合的偶然发现。但这偶然成功的背后，都意味着他们已经付出了多年的艰辛研究，就像法国化学家巴斯德说的，"在观察的领域里，机遇只偏爱那种有准备的头脑"。

第二天，在帕里斯的案头摆着一张字条：

亲爱的先生

昨天您看到的油迹，实际上是液态氯。

您忠实的迈·法拉第

法拉第把实验结果写成了一篇论文《论液态氯》，并于1823年3月首次登上皇家学会的讲坛，宣读了论文。但是，法拉第获得新发现的同时，心里却五味杂陈。因为，在这篇论文的审批过程中，戴维在论文上添加了说明，强调了是他设计并指导了法拉第做出了这一发现。对于导师这种明目张胆的抢功行为，法拉第敢怒不敢言。他只能把心中的不忿化作动力投入到疯狂的研究工作里。液氯的发现不仅为未来氯气的工业使用提供了更方便的途径，而且由此得到了气体液化法这个重要手段。随后，法拉第一口气成功液化了二氧化硫、硫化氢、二氧化碳、二氧化氯、笑气、氨气、氰化氢等气体。

皇家学会会员

法拉第之前在电磁学上的发明已经引起了欧陆学术圈的注意，随着他在化学领域的一系列发现，连英国学术界的同仁也无法视而不见。可是，这样一个兢兢业业、屡有建树的青年科学家，如今仍然只是皇家研究院的一个实验室助理！法拉第的朋友和同仁们打抱不平，他们联络了29位皇家学会会员，提名法拉第为皇家学会会员候选人。有趣的是，带头签名的恰恰就是和法拉第发生"剽窃"纠纷的沃拉斯顿博士。

戴维获悉后勃然大怒。他心里很清楚，法拉第的学术能力和贡献足以当选学会会员，但是众人居然跳过他这个皇家学会会长、法拉第的恩师，私下里联合起来提名，成何体统！戴维的妒火又一次蒙蔽了理智。按理说，戴维和法拉第的人生经历极其相似，同样出身底层阶级，但不甘平凡，少年自学成才，青年时代崭露头角。法拉第从来不以为自己的出身自卑，每每谈到亡父的时候，都会自豪地表示自己是铁匠的儿子。他有着坚定的信仰，在成年之后，全心投入科学研究，无意于争名逐利，也不屑于贵族名流的奢靡生活方式。戴维则不然，他在年轻成名后，努力摆脱卑微的出身，娶了富孀为妻，醉心于名利场，热衷打入上流社会，在科学领域也是贪图虚名。在人生追求和科学信仰上，师生二人完全是背道而驰，这也是他们之间矛盾不可调和的根本原因。

戴维气冲冲地来实验室找到法拉第，要求他撤回皇家学会会员的提名。法拉第只冷冷地回了一句："汉弗莱爵士，我并没有提名自己当皇家学会会员，有什么可撤回的呢？"戴维碰了软钉子，又怒道："那就请你转告提名的人，让他们撤回提名！"法拉第无奈地摇摇头，表示自己没有能力影响别人的意见。戴维教授气哼哼地摔门而去，10年的师生情谊就此断绝，两人开始分道扬镳。

戴维没能说服法拉第和众人撤回学会会员的提名资格，在1824年的正式选举中，法拉第顺利当选皇家学会会员。在不记名的选举中只有一张反对票，而投反对票的人是谁则不言自明。

法拉第如愿以偿，自己的努力终于获得了科学界的认可。他开始心无旁骛地努力工作。妻子萨拉在为丈夫高兴的同时，也开始担心他的身体。

看着法拉第痴迷研究，长期废寝忘食，萨拉忧心忡忡，而更加让她担忧的是安全问题。法拉第在这几年的化学实验中，经常会发生大大小小的事故。毒气、燃烧、爆炸，这些危险在法拉第眼里都是家常便饭，可有时候真的十分凶险。在一次化学实验中发生了爆炸，试管炸成碎片，像子弹一样乱飞，13片碎玻璃飞进了法拉第的眼睛。

这下把萨拉吓坏了，她一边埋怨一边照顾，看着头缠纱布的丈夫哭笑不得。法拉第养病期间，萨拉严格地看守着丈夫，要求他伤好前不许看书，也绝不允许他跨进实验室一步。这可把法拉第憋坏了，他离开科学研究无事可做，愈加烦躁。为了给丈夫解闷，萨拉把自己娘家的几个亲戚小孩找来玩耍。

孩子们的到来，让这个小家顿时热闹起来。这段时间，经常会看到"大孩子"法拉第带着一群甥侄在皇家研究院的大厅、楼道里做游戏、捉迷藏。法拉第夫妇婚后一直没有生育，二人又都十分喜欢小孩子，于是这次他们顺理成章地把萨拉的外甥女小玛格丽特作为养女收养在自己身边。

一天午后，萨拉忙着做晚饭，一群孩子围着法拉第问这问那。小玛格丽特缠着法拉第说道："给我们变个魔术吧！萨拉姨妈说你会的！"

"好啊！可是……"法拉第朝着萨拉的方向撇了撇嘴，悄悄说道，"她现在不允许啊……"

孩子们瞬间失望了，小玛格丽特仍然不甘心，问道："那你还会什么呢？"

"他还会演讲啊！"萨拉插嘴道，"我可是看过很多次呢！"

孩子们又兴奋起来，纷纷要求法拉第现在就表演给他们看。法拉第皱着眉头，把头转向萨拉道："孩子们还小，哪里听得懂呢？"

"那你就讲讲他们听得懂的呗！"萨拉顺口答道。

法拉第歪头想了想，搓了搓手，做了个安静的手势，郑重地说道："好吧，那么现在，请小朋友都坐好，我们开始！"

希望你们年轻的一代,
也能像蜡烛为人照明那样,
有一分热,发一分光,
忠诚而踏实地为人类伟大的事业贡献自己的力量。

——

迈克尔·法拉第

第八章　1826　圣诞讲座

1826年圣诞夜

皇家研究院

　　傍晚时分,皇家研究院的大门口聚集着很多人,有大人,还有不同年龄段的孩子。大门打开了,人们鱼贯而入。路人纷纷惊异,往日都是绅士贵妇来这个科学机构参加演讲会,今天怎么像是家庭聚会的样子。家长们带领孩子进入了演讲大厅,逐个落座,大厅里一片孩童们的喧闹之声。法拉第缓步走进了大厅,他并没有直接走上讲台,而是在第一排小听众前面转了一圈,慢慢地在讲台边缘坐了下来。孩子们还没明白他要做什么,只见法拉第举起双手,拍了三下。紧接着大厅里的照明灯逐个熄灭了,整个演讲厅渐渐变得昏暗,最后一片漆黑。孩子们东张西望,惊异、紧张地和身边的父母小声嘀咕着,大家都不知道这是什么名堂。突然,从讲台边发出一道亮光,法拉第点燃了一支蜡烛,并举着蜡烛在听众席前的孩子们身边又转了一圈。烛光映照过一个个孩子好奇的眼神。随后,法拉第登上讲台,举起蜡烛发问道:"孩子们,请大声告诉我,这是什么?"

我不是天生的演说家

说起演讲,那可是伴随法拉第终身的一项重要工作。最开始把法拉第引进科学大门的就是青少年时期听过的塔特姆和戴维的那些精彩演讲。塔特姆专注于推广基础科学知识,给了如法拉第一样的穷小子最初的科学启蒙;戴维以卓越的口才和丰富的学识活跃在顶级学术圈,宣讲新观点、新理论。而法拉第则同时接过了两人的衣钵,在科普和科研两个层面都做出了伟大的贡献。

法拉第首次登上讲台,还是在1817年的城市哲学会上,当时他演讲的内容是关于获取知识的方法和克服精神上的惰性。在这期间,他前后演讲了十多次,主要是在同龄人中锻炼自己的勇气和能力。

他深知自己不是戴维那样天生的演说家,没有与生俱来的表演天分和幽默感,所以他像对待科学研究一样,加倍刻苦学习和训练。他一边参加演讲技巧的课程,一边和哲学会的朋友们反复探讨,逐渐地形成了自己的演讲风格——语言简洁朴实、逻辑清晰易懂、极具亲和力。从语言方面来说,他要求自己做到不重复、不随意改口、不说没意义的语气赘语;从逻辑表达方面,他要求清晰、直观,比如和听众说"要是我松开手,这块石头将掉到地上",那么就真的松开手让石头掉落;他还会根据不同的听众,设计他们更感兴趣的主题以及采用他们能理解的表达方式。基于一贯对细节的严格要求,法拉第甚至自己设计了独特的演讲桌。此前的演讲师们从不在意这个方面,一般只是选用普通的方桌。法拉第在演讲桌的一侧开了一个半圆形的槽,使之变身为一个马蹄形的实验台。如此设计,可以适于多个实验的同时操作,也能从多个方位向观众们无障碍地作展示。法拉第经过刻苦的、科学的训练,演讲风格逐渐成熟。

*
法拉第在皇家研究院演讲大厅进行讲解

第八章 1826 圣诞讲座 **123**

厚度　$1\frac{3}{8}''$

*

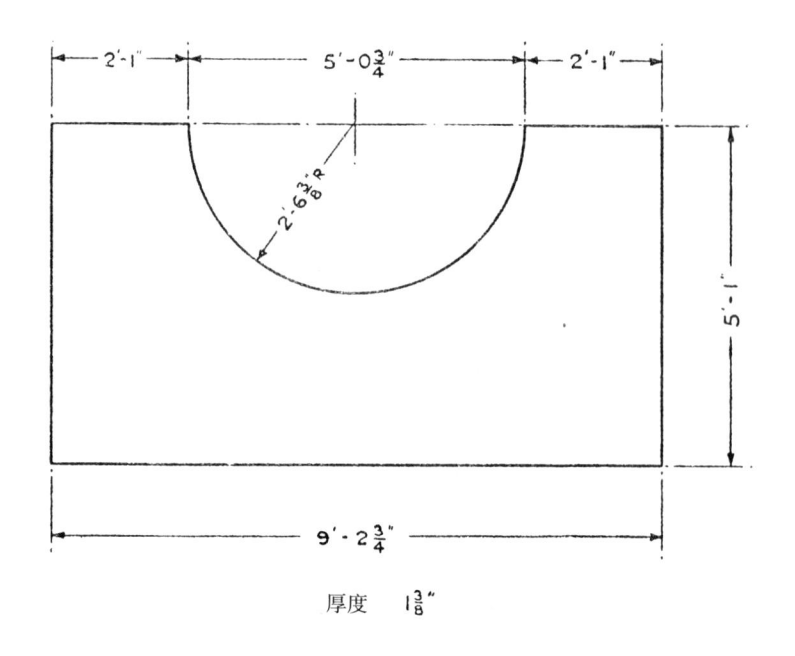

法拉第对演讲桌有特殊的要求，此为桌面设计图（图中为英制单位）

1823年，由于皇家研究院的讲师布兰德因故不能出席，法拉第开始登上了研究院的讲台。32岁的法拉第，不仅在科学研究上屡有建树，在演讲方面也日臻成熟。他中等个子，身材匀称，目光炯炯，身穿黑色礼服，站在研究院的讲台上娓娓道来，不似戴维那般优雅、潇洒、幽默，却有着让人过目不忘的质朴、真诚和从容。通过几次成功的演讲，法拉第逐渐取代了布兰德成为皇家研究院的主要讲师。

1825年，法拉第升任实验室主任一职，为了增进学术交流，他发起了"星期五晚间讨论会"。这个演讲属于当时学术圈的高端论坛，主讲人均为研究院内外，甚至国内外优秀的学者。演讲主题很开放，可以是发布新发明、新发现，也可以提出不成熟的假说或设想，供大家讨论。与会人员可以带夫人、家属一同参加。演讲现场也很轻松，听众可以随时打断、提问、讨论甚至当场辩论。这个讲座很快就受到了学术圈人士的欢迎，成为英国科学界一大盛事。从1825年到1862年，法拉第主讲了100多次"星期五晚间讨论会"，为推进学界交流贡献卓著。大家都很享受这宽松惬意地探讨科学的方式，也欣赏法拉第在学术上的高深见解。法拉第的亲朋好友也经常来听讲座，每每等到讲座结束，大家一同到顶楼法拉第的家里，喝茶、吃点心、聊家常。

一家人聚会的时候，孩子们都是最开心的。法拉第夫妇都很喜欢小孩子，自从收养了外甥女小玛格丽特后，这个小家充满了欢声笑语。小玛格丽特也像法拉第小时候一样有着强烈的好奇心，总是缠着法拉第问这问那。一次，法拉第在实验中受伤居家休养的时候，把亲戚的孩子们叫来玩耍。妻子萨拉偶然提到：法拉第做了这么多次演讲，为什么不给孩子们讲讲呢？

圣诞少年科学讲座

妻子一句话点醒了法拉第。他蓦然想起少年时代的美好记忆，自己正是受益于塔特姆的科普讲座，才逐渐立下了投身科学研究的志向。如今自己已经梦想成真，何不为同样热爱科学的孩子们做点什么呢？

他先给亲戚孩子们试着讲了一次，内容是风雨雷电之类的自然现象。没想到，孩子们对大自然、科学知识是那么感兴趣。他决定在皇家研究院开办一个针对少年儿童的科普讲座。第一次讲座就定在了1826年的圣诞节，法拉第期盼把科学知识作为最好的圣诞礼物送给每一个热爱科学的孩子。但是问题来了，孩子们会喜欢什么主题内容呢？

法拉第想到，平时小玛格丽特最喜欢晚上睡觉前听他讲故事，每次都能看到孩子那充满好奇和渴求的眼神在烛光下闪烁。烛光点亮了他们每一

*

圣诞少年科学讲座

第八章　1826　圣诞讲座　**127**

个夜晚。那就讲它吧——蜡烛！

圣诞节那夜，法拉第置身于他熟悉的皇家研究院演讲厅里。可对法拉第和上百名小听众来说，都是新奇的体验，还从没有人给小朋友们专门做过演讲。法拉第示意熄灭了大厅的照明灯，慢慢点燃一支蜡烛。所有孩子的目光都聚焦在那支平平无奇、随处可见的蜡烛上。

法拉第举着蜡烛在听众席前走过一圈后，回到讲桌前。只见他从桌子上拿起好几件东西逐个点燃，有木条，有树枝，还有各式各样、长短粗细的蜡烛。讲台逐渐亮堂起来，法拉第在和小听众的一问一答中逐个介绍着这些道具的名称和来源：

> 你们看，这个古怪的东西，是从爱尔兰泥炭坑里挖掘出来的，名叫"烛木"。它的质地坚硬，烧起来和蜡烛一样，光度很强，当地人就用这个照明……请看，这是两支人造蜡烛。这种蜡烛的做法，是把切成一定长度的棉纱烛芯，一头打上活结，吊着放进融化的牛脂里浸一下，拿出来放凉，再放进去浸一下，这样反复操作，直到烛芯周围粘了足够的牛脂，蜡烛就做成了……你们看，这几支蜡烛非常小，样子很可爱，是过去煤矿里用的……我这儿还有一支蜡烛，是从"英皇乔治号"上弄到的。这艘船沉没了很多年，一直受着海水的侵蚀，因此我们可以看出蜡烛具有多么良好的耐久性。瞧，它虽然已经满身斑驳，破烂不堪，可是一点起来，照样正常燃烧……请看这些蜡烛颜色多漂亮，有紫红的，有桃红的，凡是最新的化学颜料，都被搬到蜡烛身上了……这一支是带凹槽的，样子美极了；这几支是朋友送我的，上面装饰着各种图案，一点起来，让人觉得就像上面是个红彤彤的太阳，下面是娇艳的花朵……

听众席鸦雀无声，整个会场里只有法拉第那和蔼友善的讲解声清晰可闻。孩子们一下子被法拉第的演讲内容抓住了，原来最常见的蜡烛是这么做的，还有那么多种千奇百怪的蜡烛啊！法拉第翔实地讲解了蜡烛的制作方法、构造和种类之后，谈起了关于燃烧的话题：

> 蜡烛和油灯有很大不同，用油灯，只要在油灯里装点油，放上灯草或棉条，把灯芯头点燃就成了。当火焰顺着棉条烧到灯油那里时，火就熄灭了，但是上面的部分仍在燃烧。说到这儿，大家一定会问：灯油自己不着火，怎么又跑到灯芯头上烧起来了呢？这个问题我们马上就要研究，可是蜡烛的燃烧，要比这问题奇妙得多……

就这样，法拉第从蜡烛的历史、制造、种类谈起，讲解了燃烧时的化学原理。他的讲解从兴趣出发，逐步扩展到科学知识，由浅入深，清晰易懂。不知不觉间，一个小时的讲解过去了，大厅里灯光重新点亮，掌声迭起，法拉第鞠躬作别。孩子们一路上兴奋地和家长、小伙伴们讨论着关于蜡烛的一切，有趣味，有心得，也有不解。其实就连那些家长们也受益颇多，不少人自己也从讲座里长了见识，而看着自己的孩子第一次接触这样的科普讲座就这么感兴趣也是倍感新奇和欣慰。

《蜡烛的故事》

法拉第的科普讲座一举成名，孩子和家长们纷纷致信皇家研究院表达了感谢和再次听讲的愿望。一时间，伦敦城上至贵族绅士、商人资本家，下到普通市民、各行各业的人，都把带着孩子听一次"圣诞少年科学讲座"当作过节的首选活动。连维多利亚女王的丈夫阿尔伯特亲王也慕名带着两个王子来听讲座，而王子阿尔弗雷德在听讲后也给法拉第寄去了一封满怀挚诚的感谢信。这个科普讲座开了当时英国乃至欧洲的顶级科研机构普及青少年科学教育的先河，从1826年第一次讲座开始，这个优良传统一直延续到了今天。究竟有多少听过讲座的少年走上了科学研究的道路，我们不得而知。但可以确定的是，这个讲座影响了众多科学界人士致力推广普及科学知识，教师们改进他们的教育理念，也影响了一代又一代的青少年对科学的热情和对大自然的认知方式，功不可没。后人曾这样评价法拉第在科普推广中做出的伟大贡献：

> 他没有培养一个学生，而是培养了无数学生。

法拉第在讲座中一共担任了19次主讲，他越来越喜欢和孩子们沟通，设计了很多贴近生活的有趣实验，让孩子们在欢笑中不知不觉地学到了很多基础的物理化学知识。在他设计的主题中，法拉第还是最喜欢关于蜡烛的内容。他在第一次讲过这个主题后，又添加了很多内容，扩展成了6次讲座。他从简单的蜡烛历史、制作工艺、燃烧原理，扩展到燃烧过程中涉及的水、氢、氧、二氧化碳、碳的一系列物理化学性质和反应。

由于这个蜡烛系列讲座广受欢迎，法拉第把演讲内容记录整理，配以简明的语言和图示，最后集结成《蜡烛的化学史》一书。此书成为当时西方十分流行的基础物理化学通俗科普读物，后来被翻译成多种语言畅销全世界，直至今日，仍被当作孩子们的科学入门教材。我国也翻译出版了该书，译名为《蜡烛的故事》。

当法拉第在事业上蓬勃发展的时候，恩师戴维却开始走下坡路。1826年，戴维瘫痪了。随后，他辞去了皇家学会会长的职位，赴欧洲大陆疗养。但是他的病情并没有彻底好转，1829年5月29日，戴维在日内瓦去世。在他临终之际，友人问起他一生中最伟大的发现是什么，他回答说：

> 我最伟大的发现是法拉第。

可能当时戴维也已经抛下了恩恩怨怨，真诚地为法拉第的成就感到欣慰。戴维享年50岁，纵观他的一生，为人类贡献了不可胜数的伟大发现和发明，也在争名逐利中迷失了自我。他是一个性格矛盾、优缺点同样鲜明的人，他和法拉第有着不同的追求和信仰。不过，就如他临终所说的，确实要感谢他把法拉第引入了科学研究的道路。

  早在戴维去世前半年,沃拉斯顿博士已经去世了。两位电磁学权威相继过世,不由得让法拉第唏嘘不已,又想起了那起争议的纷纷扰扰。如今,斯人已逝,而关于电磁学的研究依然停留在1821年。法拉第百感交集,决心再次只身杀回电磁学领域,延续当年的执着。

成为世界一流科学家是我的梦想，
但是脚踏实地地一步一步往这个方向前进，
让我感觉更快乐。

——

迈克尔·法拉第

第九章 1831 电磁感应

1831年10月17日

皇家研究院实验室

　　法拉第双手撑在桌边，死死盯着眼前这套实验装置，百思不得其解。为了这个实验目标，他已经奋斗了10个年头，经过了数不清多少次的设计、实验、改进、再实验，可最终结果还是失败。他不甘心，嘴里喊着"再来！"，重新把设备的每个环节检验一遍。硬纸管外面缠的8个线圈没有损坏，连接正常！最先进的电流计反应灵敏，正常！磁棒的磁性正常！难道是磁棒的磁力不够强吗？他又找来几根磁棒，逐个尝试。他小心翼翼地把磁棒插进纸管里，尽量保证磁棒匀速地进出。电流计的指针凝固了一样，没有丝毫动静。他开始烦躁了，所有的办法都试了，还是没反应。难道这条路根本就走不通？法拉第狠狠地猛一下拔出磁棒，正要扔到桌子上。可他下意识地用余光注意到电流计的指针动了一下，只是电光石火的一瞬间的跳动！啊！电流！

屡败屡战

早在 1821 年发明电动机之后，就有一个问题一直萦绕在法拉第的脑海里：既然电流能产生磁力，那么磁力能否产生电流呢？在他的哲学信仰中，自然界是和谐统一的，各种力都彼此关联，并且可以在一定条件下互相转换。电和磁就如一枚硬币的两面，必定也是彼此关联的。

可是在后来的 10 年中，法拉第因为有争议的纠纷暂别了电磁学研究，转而忙于各种化学实验、科学演讲，以及皇家研究院受工商业委托进行的科学应用项目的研究。在此期间，法拉第也曾尝试做过几次实验，均以失败告终，看来还是不得其法。

1831 年，法拉第时年 41 岁。他逐渐有了紧迫感，想着 10 年前的夙愿还没能实现，每每不能释怀。他决定把手头所有的工作都放一放，即使是报酬丰厚的商业研究项目也都暂停了，专心研究电磁学。在他的心里，任何世俗的名利都远不如探索科学的奥秘诱人。妻子萨拉无条件地支持法拉第，当初吸引她的正是法拉第那一种执着和纯粹。

法拉第开始摒除一切杂念，专心扑在电磁学研究上。他设计了众多的实验装置，试图找到电和磁之间奥秘的蛛丝马迹。8 月 29 日，他设计了这样一个实验：在一个铁环的两侧，分别缠上并联的 2 组和 3 组线圈，并且线圈之间都做绝缘处理。将 2 组并联线圈连接磁针，3 组并联线圈连接电池。实验发现：在接通和断开电源的瞬间，磁针都发生了偏转。

法拉第试图搞清楚这个实验现象的背后逻辑。从实验结果来看，一方面，磁针的偏转很微弱，这意味着并没有产生稳定的电流；另一方面，只能说明电流通过两组线圈磁通量不同，产生了瞬间的微电流而已。莫非又走进了一个死胡同？

法拉第在1831年8月29日的实验记录手稿

随后，法拉第又设计了几种改进方案。首先，他用一种灵敏度更高的电流计替代了磁针，把铁环改为铁棒，重复了上述的实验，结果显示产生了电流，但是比铁环装置产生的电流微弱。其次，他又尝试不用导磁性比较好的铁棒，改用一个绝缘的硬纸筒，实验结果显示产生的电流更加微弱。

法拉第努力地分析着这三组实验的差别：用圆铁环做的实验产生电流强于用铁棒做的，而用铁棒做的又强于纸筒做的。那么就说明，电流的强弱取决于线圈内芯的导磁性。而电流都只在电源接通和关闭的瞬间才会产生，那么可以得知：电流产生的条件是磁的变化。

变化！磁的变化！法拉第似乎在黑夜里一点点摸索，终于看到了远处的一点微光。他顺着这个思路想到——磁的变化为什么非要用电流引发呢？为什么不直接用磁铁？

啊！电流！

法拉第心里的光亮越来越清晰。10月17日，他设计了一个新的实验装置：
  用8个并联的线圈绕在硬纸筒上，并连接到电流计上。用一根磁棒插入硬纸筒来产生磁的变化。

如此简单的装置能成功吗？法拉第心里也在打鼓。他缓慢地把磁棒插入纸筒，看一眼磁针，没反应。接着他又拔出磁棒，还是没反应。反复操作了几遍，一无所获。他又把所有器材检查了一遍，确认无误后，又换了磁力更强的磁棒，反复插拔，电流计还是一动不动。法拉第烦躁起来，狠狠地拔出那根磁棒，准备放弃了。可就在那一瞬间，电流计的指针动了！"啊！电流！"

法拉第兴奋地攥着磁棒反复地插拔。毫无疑问，电流产生了！多年的努力终于成功了！法拉第马上把实验结果记录下来，一只手写写画画，另

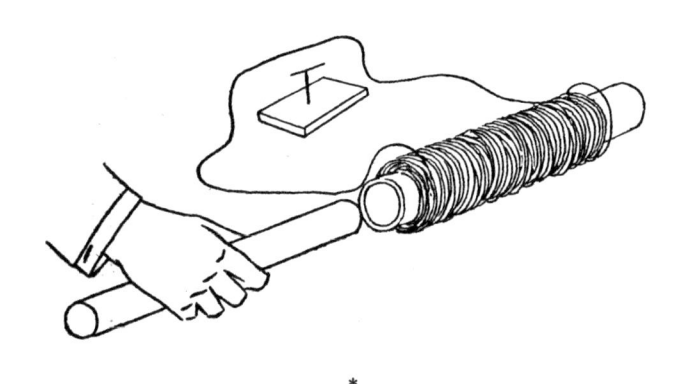

法拉第的"电磁感应现象"实验装置

一只手还紧紧攥住那根磁棒不舍得撒手。

在这一天,法拉第就用那个极其简单的装置发现了伟大的"电磁感应现象"。然而,这个划时代的发现,这个困扰学术界多年的难题一举被解开,并没有让他忘乎所以。法拉第随即就展开了扩展研究。他面临的下一个难题就是——电流恒定。根据实验现象分析,电流只在磁棒插拔瞬间才会产生,而且一进一出产生的是两种流向相反的电流。如果不能产生单向的持续电流,就无法形成实际应用。法拉第想起当年在米兰和伏特伯爵见面时老前辈的殷殷嘱托。

这时候,法拉第又展现出了丰富的想象力和实验设计能力。他转换思路,设想了一个相反的实验装置:把磁铁固定,让线圈动起来。他用一个铜圆盘替代了线圈,用马蹄形磁铁替代了磁棒。把电流计的两极分别连到铜盘和铜盘中心的铜转轴上,将铜盘垂直插入马蹄磁铁的两极之间。这样,摇动转轴上的手柄,带动圆盘在磁极之间转动,即可获得单向、持续的电流。这个设计一下子解决了方向和持续性的问题,绝妙无比!10月28日,实验成功,人类第一台"发电机"就此诞生。

第九章 1831 电磁感应 **139**

*
第一台"发电机"就此诞生

短短两个月时间,法拉第先后完成了发现"电磁感应现象"和发明"发电机"两项壮举。从此,人类开始了解电、生产电、输送电、利用电,电力开始从实验室走向工厂、矿山等各个领域,直至走进大街小巷、千家万户,造福全人类。1931年,为了纪念电磁感应发现100周年,伦敦举行了盛大的庆祝活动,以表达对这位伟大科学家的缅怀。

提出"场论"

法拉第在做出如此伟大成就之后,并没有片刻停止科研的脚步。虽已年过四十,可是他的科研春天仿佛刚刚开始。在随后的几年里,法拉第把自己在电磁学上的研究成果集结成书,出版了三卷巨著《电学实验研究》。该书秉承着法拉第一贯的风格,语言简练,逻辑清晰,配图直观,通俗易懂。虽然书中的理论都很先进,但是即便是没有很高深的科学基础的人也能轻松理解。法拉第又完成了一项科学传承工作。想当年,正是一本《化学漫谈》吸引少年法拉第开始了解科学,如今他的著作又开始影响着广大的青少年学子。1868年,一位美国青年,在波士顿的旧书摊上买到一本残缺的《电学实验研究》,并受其影响开始了电学领域的研究,而后来他在电气工程学领域做出了惊世伟业。他的名字叫爱迪生(1847~1931)。

在《电学实验研究》里,法拉第通过阐述电的同一性,再次提出了他的"自然是统一的"理念。随后,他开始致力于研究更宏大的哲学主题,并对权威理论产生了质疑。在法拉第的时代,自然哲学领域里的一切既成理论体系,都是建立在牛顿的物理学和宇宙观之上。牛顿的理论体系认为宇宙是由物质粒子组成的完美的机械式结构,空间和物质各自独立存在。在牛顿的时代,还没有将光、热、电、磁纳入他的宇宙体系里。但是,牛顿的力学理论确实能完美地解释一切机械式运动的性质和规律,所以被科学界长期奉为圭臬，他的著作《自然哲学的数学原理》也就成了科学界的"圣经"。任何有悖于牛顿理论的观点，都被视为离经叛道。

但是，随着科学家们对电磁学的深入研究和一系列伟大发现，学界逐渐认识到，电磁学领域的问题很难嵌入牛顿的理论体系。1785年，库仑提出了解释静止电荷间作用力的库仑定律，并把电的作用力纳入了牛顿力学体系；1820年，奥斯特发现了电流能使磁针偏转；随后，比奥和萨伐尔提出了比奥-萨伐尔定律，解释了磁力的作用方式；后来，安培提出了分子电流的假说，把所有磁力归结为电流之间的作用力，也就把磁力顺理成章地也归入了牛顿体系。由此，牛顿学派把电和磁统统纳入了牛顿的理论体系之中，看似十分完美。可法拉第产生了质疑。

法拉第的质疑不是来自高深的理论研究，而是多年来的实验发现。自从发现电磁转动和电磁感应现象后，他就觉得无论是牛顿的还是安培的理论，都没法解释他真切看到的实验结果。牛顿认为空间中除了粒子以外，都是真空的。可是法拉第在实验中发现，这个理论可能是不对的。比如，在一块磁铁边上撒上一堆铁屑，铁屑会被磁化变成一根根小磁针，排列成围绕磁铁的不同的曲线；再比如，电磁感应实验里，如果是真空的，导线穿过磁极之间为什么能产生电流呢？

由此，法拉第提出了自己的理论：磁铁和电流周围布满了"磁力线"，充满磁力线的空间是"磁场"。接着，他又提出了对导线周围是否也存在"电力线"的猜想。

"场论"的思想诞生了。但是，彼时的法拉第只是根据自己的经验提出了假说，没法说服学术界，也就不能成为一种成熟的理论。他的思想已经超越了当时的时代，当然不会被认可。不过，法拉第提出的"场论"思想，经过麦克斯韦、赫兹、爱因斯坦等后世一代代科学家的努力探索、实验、求证，成为20世纪物理学的主导思想。同样在1931年——法拉第发现电

*

法拉第在1831年圣诞节的早上向妻子介绍自己的发现。

第九章　1831　电磁感应　**143**

法拉第在皇家研究院讲授电磁学

磁感应现象和提出场论思想 100 周年，也是麦克斯韦诞生 100 周年，爱因斯坦写下这样的话：

> 我相信，从法拉第的电磁场概念中，后世仍旧可以学到许多东西，一点也不比前人学到的少。

在爱因斯坦书房的墙上挂着三位科学家的肖像——牛顿、法拉第和麦克斯韦。

法拉第的前卫思想虽然没有被当时的学术圈接受，但他此前的一系列伟大发现和发明成果却是世界公认的。而与他在科学界与日俱增的声望不匹配的是，他的经济方面却每况愈下。法拉第十多年来在皇家研究院的薪水就没有变化，又因为这些年潜心研究，推掉了所有的商业性研究工作，再加上平日里经常救济亲戚朋友，反而生活上日渐拮据。皇家研究院的朋友们看不过去了，他们在 1835 年向时任首相罗伯特·皮尔爵士递交申请，建议政府给法拉第颁发特别年金。首相深知法拉第的贡献卓越，欣然允诺。可是不巧的是，年金还没发下来，内阁倒台了。朋友们不甘心，都跑来建议法拉第去拜访新任首相，亲自申请。万万没想到，法拉第听闻此事，反而发了脾气……

第九章　1831　电磁感应

*
法拉第肖像照片

在他的眼中，

华丽宫廷和布莱顿高原上面的雷雨比较起来，

算不得什么；

皇家的一切器具和落日比较起来，

又算得了什么？

——

英国物理学家约翰·廷德尔

第十章 1835 淡泊名利

1835 年 10 月 26 日

伦敦首相官邸

  首相秘书一脸傲慢地把法拉第引进官邸，让他在办公室门外等候，也不让坐，也不送茶，似乎把法拉第当成常见的趋炎附势之辈。新任首相威廉·兰姆是辉格党人，他的前任则属保守党，所以国计民生的一应大事小情都面临着重整，一时间搞得他焦头烂额。等了很久，法拉第终于被请进首相办公室。二人寒暄几句，法拉第便说明了来意。首相大人也不抬头，一边翻看着案头的杂乱文件，一边发着牢骚。他絮絮叨叨地聊着国内外政局如何不稳定、工商业如何待发展，言下之意要不是前任首相已经批准了年金的申请，法拉第这种小事根本不应该来打扰他。他甚至把文件往桌子上一摔，说道："给文化界、科学界人士发放什么年金！这件事完全是——该死的胡来！"法拉第听罢此言一脸惊愕，顿时怒从心头起，"唰"地一下站起身来，说了句"打扰您了，告辞"，转身大踏步走出大门。

我不要年金!

法拉第在科学界的朋友们瞒着他向首相申请了一笔补贴年金，可是内阁突然倒台了，年金的事就此搁置。于是朋友们找到法拉第和盘托出，鼓励他亲自去找新任首相申请。法拉第获悉后第一反应不是高兴，而是生气了。

法拉第虽然出身贫困，但是从小在母亲的教育和教会的影响下，笃信追求财富的积累是不应该、不道德的。他在皇家研究院服役了20多年，做出了那么多贡献，多年来仍维持着年薪100英镑的待遇，这点钱和他的功绩明显是不匹配的。直到1833年，一位名叫富勒的国会议员捐资给皇家研究院创建了一个化学讲座，法拉第主持讲座并获得了教授的头衔，年薪也随之增加至200英镑。

对普通人来说，这个待遇还算不错了，能维持很好的生活质量。可是，法拉第素来乐善好施，他经常要救济亲朋好友，包括自己和萨拉的兄弟姐妹及其家人，甚至还有教会里生活困难的教友。每当想起自己童年时期，妈妈把救济会领来的面包切成薄片养活一大家子人，法拉第就心怀恻隐，一块面包、一个便士都可能救活一个人啊。这样一来二去，自己家里的经济状况反而变得捉襟见肘。

其实法拉第并不是没机会赚大钱。1831年，也就是他做出伟大发现的那一年，皇家研究院成立了光学玻璃改进委员会，建议法拉第参与该项目，研究如何制造更大尺寸的光学玻璃，以便在工业上应用。法拉第为了全心投入电磁学的研究，婉言谢绝了邀请。那些年，法拉第推掉了很多类似这种商业项目，据研究院同事估算，这些项目每年可以给他带来高达1000英镑的巨额收入，是当时法拉第年薪的10倍。

法拉第的照片

*

法拉第和妻子的照片

值得欣慰的是，妻子萨拉是法拉第坚定的支持者，他们有同样的宗教信仰和人生态度。萨拉和法拉第的母亲一样，也是个持家的好手，而且同样乐观、坚强。她深深懂得法拉第的一生追求只有科学研究，钱财都是身外之物。不过这时，法拉第岳父的一番话让他改变了主意。老银匠一语道破，这次年金申请不仅关乎个人收入，还意味着政府对整个科学界的关注和支持，对未来科学家们的工作发展有重大意义。

法拉第从善如流，但还是有点不情愿地来到了首相官邸。没想到，从首相到秘书都态度傲慢，甚至口出恶言，言下之意科学家根本不配享受政府津贴。法拉第愤而离去，回到家里仍旧怒气不消。当天晚上，法拉第再次前往首相官邸，留下一封信：

首相阁下：

　　承蒙阁下邀我今天下午面谈。听闻阁下对于给科学工作者发放年金的高见，我谨代表个人谢绝阁下的好意。从阁下手中接受年金，恐难满意。因为它名为褒奖，实际上却是阁下的施舍。

此事迅速传扬开去，恰恰给了前任首相所属的保守党以口舌之机。支持保守党的报纸连篇累牍地报道、渲染此事，《泰晤士报》更是用了整整一栏版面历数首相的不堪行为。支持辉格党的报刊也没闲着，纷纷发表文章予以反击。一时间，政界、科学界闹得沸沸扬扬。兰姆首相如坐针毡，万没想到自己一时口不择言，惹出如此轩然大波。上任伊始的他可不愿意因此等小事影响自己的政途，于是他委托了一位认识法拉第的朋友从中斡旋。

法拉第既不爱财，对政治也没有兴趣，本来没把这件事放在心上，也没想到事态发展到如此地步。在朋友和家人的劝说下，法拉第表示，只要首相大人对之前的言论做出书面道歉，就愿意和解并公开澄清此事。兰姆首相立刻就致函法拉第，正式表示道歉。圣诞节前夕，政府宣布授予法拉第教授 300 英镑年金补贴，用来表彰他对英国科学事业的贡献。

纷争就此平息。法拉第也没有白拿这份补贴，他为政府很多部门提供了科学技术上的支持。他先后作为海军部、内政部、林业部、矿业局的顾问，解决了很多诸如灯塔照明、大英博物馆建筑、煤矿安全等技术难题。一时间，法拉第的声望在社会各界与日俱增。不久以后，英国的报纸上开始流传一个消息：王室要为法拉第封爵。

我不受爵位！

法拉第不仅不爱财，而且也不求名。自从报纸上传出封爵的消息，法拉第都付之一笑。科学界一致认为法拉第足以像当年牛顿爵士一样获得那无上尊荣。王室当局每次派人试探性地征询他的意见，都遭到婉拒，得到的答复总是："法拉第出身平民，他不想变成贵族。"

法拉第拒绝名誉和表彰，远不止这一次。1827年，新成立的伦敦大学邀请他去做化学教授，他谢绝了，因为他无法割舍皇家研究院的实验室。1857年，皇家学会会长罗特斯利爵士辞职。学会学术委员会一致推举法拉第接任会长一职，他仍旧谢绝了。当他的朋友廷德尔前来劝说时，他说：

> 我是个普通人，到死我都将是普普通通的迈克尔·法拉第。现在我来告诉你，如果我接受皇家学会希望加诸我的荣誉，那么我就不能保证自己的诚实和正直，连一年也保证不了。

几年之后，皇家研究院院长诺森伯兰公爵去世，学院理事会随即邀请法拉第担任院长。不出意外，法拉第还是拒绝了。对于多少人梦寐以求的闪亮头衔，法拉第并无兴趣，他一生自始至终都只冠着老铁匠的姓氏和那普通的名字。这位平民科学家始终把贫苦的出身和少年时代的艰辛视为人生财富。从不忘本的他，即便在街头遇到小报童时，也会特意停下来关爱地聊几句。

*

法拉第从没忘记早年奋斗的艰苦经历,他经常在路上停下来与报童聊上几句。用他自己的话说:"见到他们,我倍感亲切。半个世纪前,我就是他们这个样子。"

法拉第远离名誉，可众多的名誉却纷至沓来。鉴于他在科学界做出的众多贡献，世界各国的科研机构主动颁发给他的学术头衔多达94个，几乎所有欧洲大学都给他颁发了学位证书和金质奖章。1846年他获得伦福奖章和皇家奖章，在英国皇家学会的历史上，把这两枚奖章授予同一个人是罕见的。

法拉第曾经表示："我不能说我不珍视这些荣誉，并且我承认它很有价值。不过我却从来不曾为追求这些荣誉而工作。"他把那些证书和奖章都收在一个大盒子里，而在盒子最上面放的却是一张自己写的"证书"，里面记录着他和爱妻结婚的日期，那才是他眼中无上的荣誉和幸福的源泉。

我不缺住房！

法拉第多年来表现出的高风亮节，广受社会各界赞誉，早就引起了王室的关注。此前，因为法拉第和首相的年金事件，随后又拒绝了爵位，王室已经领教了这位科学家的执拗脾气，于是想到了一个变通的方式来奖励他。阿尔伯特亲王打听到法拉第夫妇40多年一直住在皇家研究院的顶楼两间小屋，于是建议女王送给他一套住宅。女王立刻下令，把伦敦高级住宅区的一套老宅拨给法拉第终身居住。消息传来，法拉第一如既往地不想要，但是对女王的好意不便直接拒绝，就回复了一个蹩脚的理由，表示他"不缺住房，而且那幢老宅年久失修，无力修缮"。女王获悉，立即派人把那幢住宅翻修一新。这下，法拉第实在不好再拒绝了。1858年，法拉第夫妇搬进了伦敦汉普顿区的装饰一新的漂亮宅邸。法拉第本人虽然并无奢求，但是总觉得妻子跟随一生也没过上富足的生活，这幢新房子也算是给她的慰藉。

法拉第在汉普顿区的宅邸

尾声

搬进新房子，开始新生活，萨拉看着丈夫已经花白的头发，布满皱纹的脸颊，欣慰地笑着，同时，也有一丝惆怅。眼前的丈夫已经老了，不再是那个念诗的青年学者。几十年的忘我工作，让他思虑过度、身心俱疲。法拉第在工作中渐渐发现有些力不从心了，经常出现头晕、健忘的症状，有时在讲座上会重复说过的内容，有时在实验室呆呆地立着，忘记了该做什么。

1862年3月12日，法拉第写下了编号为16041的最后一次实验记录。

1862年6月20日，他在"星期五晚间讨论会"上做了最后一次演讲。

1865年，法拉第辞去了皇家研究院和海务局的职务，正式退休。

随后的日子，法拉第离开了挚爱一生的科学研究，和萨拉安度晚年。他最爱做的事就是坐在窗前，沐浴着阳光，听萨拉念诗，追忆美好的往事。

1867年8月25日，法拉第像往日一样，坐在他常坐的那张轮椅里，缓缓合上双眼，再没有醒来，享年76岁。

以法拉第在科学界的贡献和声望，他本应享有盛大的葬礼，并葬于威斯敏斯特大教堂的墓地，与伟大的牛顿爵士安息在一起。可遵照他的遗嘱，家人只为他举办了少数亲朋参加的小型葬礼，把他安葬在海格特公墓。他的墓碑上只有生卒年月的字样，别无其他。后人为了纪念他，在威斯敏斯特大教堂的牛顿塑像的旁边，铭刻了他的名字。

萨拉在葬礼上宣读了法拉第的遗言："我的一生，都在用科学侍奉我的上帝。"随后，她吟诵了法拉第生前最爱的一首诗：

夜幕低垂熠熠星光，

遥远天际呼唤低响。

轻解系岸缆索,
静静滑入汪洋。
我不再携带罗盘指示方向;
我不再惧怕两旁惊涛骇浪。
我知道此时此刻因由你指引,
我终将亲眼见到那爱的搀伴,
为我的一生领航。

第十章 1835 淡泊名利 _159

*

法拉第把一生奉献给了科学

后记

好了,让我们送别法拉第,回归当今的时代。走下"时光机",重新审视周边的一事一物,你是否有些认知,有些好奇,有些崇敬,有些感激。那澎湃的动力,辉煌的光明,生活的便利,社会的发展,无不是法拉第以及无数科学家呕心沥血的赐予。

纵观法拉第的一生奋斗,一生追求,一生信仰,不由得让人想起一句中国古语:

> 富贵不能淫,贫贱不能移,威武不能屈,此之谓大丈夫。
>
> ——《孟子·滕文公下》

他终其一生,完美地诠释了这一人生格言。他出身贫苦,却没有自甘沉沦,无论是当报童还是书店学徒,乃至被视作卑贱的仆役,从来没有放弃投身科学的梦想,终于叩开科学的大门;他在科学研究领域里,始终对权威不迷信也不畏惧,不管是自己的恩师,还是学界的前辈,抑或是不容置疑的先贤,都无法动摇他坚信真理、探寻真理的决心;他不迷恋财富,也不贪慕虚名,金钱、爵位、头衔、房子,都无法像科学研究带给他安心和愉悦。执着于事业,忠贞于爱情,好一个名副其实的大丈夫!

除了科学上的丰功伟绩,人格上的崇高无瑕,他还有一个其他著名科学家不具备的优秀品质——传播知识。他的学术启蒙始于两位老师的科学讲座,成年后,他继承了这一传统,创办并主讲了很多讲座,尤其是开创了针对少年儿童的《圣诞少年科学讲座》。无数的少年,不管是当年亲历法拉第讲座的,还是后来读过他那本《蜡烛的故事》的,由此打开认识世界的窗口，甚或是走上了热爱科学的道路。令人欣慰的是，这个讲座延续至今没有断绝。

科学工作者们，推广科学吧，少年才是我们的未来；少年学子们，热爱科学吧，那是认识世界的不二法门。

图书在版编目（CIP）数据

伟人的青年时代. 法拉第 / 张燕波编著. — 北京：中国青年出版社，2025.1. — ISBN 978-7-5153-7481-9

Ⅰ. K811-49

中国国家版本馆 CIP 数据核字第 2024GM2762 号

责任编辑：彭岩
出版发行：中国青年出版社
社　　址：北京市东城区东四十二条 21 号
网　　址：www.cyp.com.cn
编辑中心：010-57350407
营销中心：010-57350370
经　　销：新华书店
印　　刷：三河市君旺印务有限公司
规　　格：660mm×970mm　1/16
印　　张：11
字　　数：153 千字
版　　次：2025 年 1 月北京第 1 版
印　　次：2025 年 1 月河北第 1 次印刷
定　　价：58.00 元

如有印装质量问题，请凭购书发票与质检部联系调换
联系电话：010-57350337